鎌倉伊呂波漫稿

―旅のお供に百六話―

『地上から姿を消した幻の鎌倉こそ重要な歴史の証言者である。何もない場所を面白くするのは歴史の知識である。鎌倉は時間への旅をするところだ。通り過ぎてしまう所に鎌倉の盲点がある』

――永井路子――

本書取扱書

本題を五十音順ではなく「いろは」順としたのは、鎌倉の山口（物事の初め）の意味をこめた。どこから読み始めてもよいように「類聚形式」とした。興味のある項から読むもよし、名が「ありさ」ならば「あ」の項目から読むもよし、いずれにせよ自由に楽しく読んでもらえればと思う。各項目は八〇〇字前後におさめてあるので、若干説明不足の項もある。「参考文献」は、項目と関係する内容が一部であり、また一般向けしない書籍ものせた。読みにくい漢字には極力ルビをふったが、見落としている箇所もあるかもしれない。各自調べていただければと思う。

なお、「漫稿」は幕末の随筆「守貞漫（謾）稿」からとった。

本文の中で紹介した「話（譚）」の根本・根拠資料は、煩雑化するのであえて記載しなかった。鎌倉地図を巻末に入れるべきだが、印刷の都合上省いた。各自ガイドブック等を参照されたい。

鎌倉伊呂波のはじめに　―旅ことばにむけて―

鎌倉に関するとりとめのない咄をアットランダムに綴った。長年思い暖めてきたささやかな雑載である。鎌倉のこぼればなしを紹介できたらと思う。全編百六話をイロハ順に掲載した。材木座にある来迎寺に「三浦大介百六つ、鶴は千年、亀は万年」という俗謡が伝わる。頼朝は、大介十七回忌法要のおりに墓前で「今生きていれば百六歳になっていた」と語りかけたという。大介は源家累代の家臣であり、頼朝旗揚げのさい「源家再興の秋《とき》」といって喜んだ（『殺生石』の項参）。二〇二〇年は大介没後八百四十年の節目にあたり、敬意を表しテーマを百六とした。なお、記事の内容に重複する項もあるがご了承いただきたい。鎌倉は文士にとっても魅力的な古都であり、都の貴族でさえ好意的な感想を、しかも格調高い文体で紹介している。

「二階堂（永福寺）は殊に優れたる寺なり。鳳の甍、日に輝き、鳧《ふ》の鐘、霜に響き、楼台のありとにいたるまで、殊に心とまりて見ゆ」『東関紀行』。

鎌倉はさまざまなトピックを秘め、奥深く興味はつきない。現地見学もしかり。どのように廻るかは皆さんの工夫次第。副題に「旅のお供に」とあるように、携行して本書が役に立てば嬉しい。旅が楽しく有意義なものとなる事を祈りつつ、さあ鎌倉へ！

相馬御厨（みくりや）我孫子の里にて　八月二十七日大介命日

目次

いいざ鎌倉！

最明寺入道北条時頼が、旅僧に身をやつして諸国行脚をする。途中、上野国佐野で大雪に遭い貧家に一夜の宿を借りた。主の佐野源左衛門は、大切な鉢の木の梅・桜・松を囲炉裏にくべて旅僧をもてなした。そして、佐野は「これはただ今にもあれ鎌倉に御大事あればちぎりたりとも、この具足取って投げかけ」と幕府に一大事が起きたときには、真っ先に駆けつける覚悟であると語った。後日、時頼は諸国（関八州）に伝令を出し、鎌倉に集結するよう命じる。痩《や》せ馬に乗り参上した佐野を時頼は呼び、あの夜世話になった礼と一族に奪われたという彼の領地を復活して鉢の木に縁のある三ヶ荘を与えた。『謡曲』（鉢の木）。転じて一大事が起こった場合のことをいう。なお、誤用として、単に鎌倉へ行くという意味では使わない。また、逃げ出すという意味でも使えない。『帰去来辞』の「いざ帰りなん」（さあ、帰ってしまおう）の用法と混同したもの。

この説話は、上野佐野の時衆教団（板鼻道場）が管理、語り広めたものである。北条氏は時衆教団を厚く庇護していた。時衆が戦没者を供養したり、怨霊供養に参加したりしている。また、藤沢道場の開山呑海《どんかい》の回国には、北条氏の命により諸国のスパイがその目的の一つにあったと伝えられている。今、全国に西明寺や時頼の墓など点在するが、時衆の念仏聖が時頼の亡霊供養を専らにし、彼らが各地を視察する役も担っていた。そして、各地の情報が時衆らによって鎌倉へもたらされたのである。

次第に幕府体制にも矛盾が生じる時期にさしかかり、御家人の幕府忠誠に対する引き締め対策の一貫であったのかもしれない。同じように、在原業平（八二五～八八〇）が東下りしたのも、実は業平に託した男が東国巡察使として下ったのではないのか。八六三年に初めての御霊会が神泉苑で行なわれたのは、不穏な東国（蝦夷地）への封じの祈りも兼ねていたのだろうか。

❶い 一生懸命

物事を命懸けでする意味だが、もとは、一所懸命と書き、賜った一ヶ所の土地を命を懸けて守り、生活の頼みとすることをいった。武士にとって土地は死活の問題であり、猫の額のような土地でさえ守るのに武力をも辞さなかった。『十訓抄』にこんな話が載っている。藤原顕季《かねすえ》は、東国に領地があったが、源義光(八幡太郎義家の弟)がそれを奪い取ろうとして争うことがあった。顕季は白河院に訴え出たが、何の回答もない。顕季は院に参上して再三申し上げた。すると院は、顕季を召して、「お前の言うことはもっともであるが、あの土地はお前にとって無くても不自由はあるまい。また、官職もある。義光はあの領地しかないと訴えている。よって、あの土地を手放して義光に与えよ。『義光は夷のやうなる者の心なき者なり』納得がいかないとなると、大路にてもどんな目に遭うかわからない。また、世間から顕季は強欲な者と噂されるかもしれぬ。よくよく考えてこのような始末をした。」顕季は恐縮し退出したのち、義光に領地の権利放棄書を与えた。義光は、以後顕季の臣下としての礼を取る意思表示をして書を受け取り退出した。その後、顕季が外出のおりは、鎧を着けた兵が四、五人来て、顕季を厳重に護衛をした。ある日、顕季が出仕のおり道に数人の武士がいた。先払いの者に「何者か」と問わせると、「館《たち》の刑部義光殿のお付きの者でございます。」と答えたという。武力行使には至らなかったものの、これが武士同士の場合は多くの死人が出たであろう。真義を知ると一所懸命とは生々しく使うに憚《はばか》ることばである。当時の武士のありようをよく伝えている。義光は園城寺の鎮守神新羅明神社で元服したので「新羅《しんら》三郎」と名乗るが、鎌倉の地では大町の大宝寺が館跡と伝える。境内に義光墓と義光の守護神「多福明神社」を祀る。近くの八雲神社は、義光が奥州征伐の出陣のとき、永保年間(一〇八一〜八四)に鎌倉の悪疫除災のために祇園社より勧請し建立したという。また境内に新羅三郎手玉石というものがある。(「笹竜胆」の項参)

ろ六

▼**六地蔵**　六道とは地獄、餓鬼、畜生、修羅、人間、天のこと。衆生がその業《ごう》によって生死を繰り返す六つの世界。今大路と由比ガ浜通りの交差点に昔刑場があった。飢渇畑《けかちばたけ》に刑死した者の怨霊を弔うために建てられた。草木も生えなかったといわれる。極楽寺坂切通しの入口にもある。

▼**六方の井**　東西南北天地をさし、妙本寺にある蛇苦止井《じゃくしい》と繋《つな》がっているという。

▼**六角の井**　八角形をした井戸で六角が鎌倉分に属するといわれたため。井戸と蛇は相対し蛇神が祀られていることが多い。干支の六番目が巳であることにより、六角、六方と言ったものだろう。(「荏柄天神社」の項参)

▼**六国見山《むつくにみ》**　山頂から武蔵国、相模国等六ヶ国が眺望できるからというが、すべてがはっきりと見えるわけではない。中国の春秋戦国時代の「六国《りっこく》」をあてて命名したものか。

▼**平六代妙覚**　①正盛―②忠盛―③清盛―④重盛―⑤維盛―⑥六代、平家嫡流の子である。平家が滅亡すると、六代は文覚の弟子となり、文覚は処刑の延期を嘆願した。その後、六代は神護寺に入り文覚のもとで出家し妙覚と名乗った。頼朝の死後、文覚は佐渡流罪となる。その弟子というわけで召し捕られ、鎌倉に下されて逗子田越川《たごえ》のほとりで斬首される。ここに平家嫡流は絶えた。妙覚の叔父資盛から、長崎高資《たかすけ》(北条氏の内管領)や織田信長が出ている。

▼**双六**　中国では、競技者二人が箸を六つ用いて戦ったとも、サイの目の六を勝としたところから名付けられたともいう。建久元年(一一九〇)七月二十日、御所で双六の御会があった。佐々木盛綱が御相手として、子息の信実(十五)が父の傍らに居た。暫《しばら》くして工藤祐経が参加する。祐経は、座がなきをみるや信実を抱え傍らに座らせた。気分を害した信実は、祐経めがけてつぶてを投げ付けた。額から血がしたたり水干を汚す。頼朝はたいそう不機嫌となり、また父の盛綱はすぐに息子を追った。祐経は、信実の道理は最もであり、遺恨はさらくない旨を盛綱に伝えた。

▼**六郎様**　畠山重保の墓。安山岩製宝篋印塔（三百四十五㎝）。重忠の子で近くに邸宅があった。由比が浜で謀殺されたためここに建立された。京都で平賀朝雅と酒宴の席で口論となり、朝雅は義母牧の方に譏訴《ざんそ》し、結果畠山一族は武蔵国二俣川で討ちとられた。重保はひどい喘息《ぜんそく》でいつも苦しめられていた。墓は痰、咳の病に効き目があるといわれ、願をかけて治癒するとお茶を供える風習があり、かつて近くに「六郎茶屋」という茶店を営んでいた。塔の銘から明徳の乱で戦死した者への供養塔か。

▼**第六天社**

仏教→欲界にある六重の天のうち第六位の天。第六天の魔王とよばれ仏道に仇をなす。多化自在天（天魔波旬《はじゅん》）とも。神道→天神七代の第六番目の神。厄除《よ》け、方位の神。県内に百八十の社が建つ。（『陰陽師』の項参）

▼**六阿弥陀**　六ケ所の阿弥陀仏を彼岸中参詣するとご利益があるとされた。高徳院（大仏）、長谷寺（厄除け阿弥陀）、光明寺（本尊）、浄光明寺（宝冠阿弥陀）、宝戒寺、光触寺（頬焼阿弥陀）。

▼**日蓮六老僧**　日蓮の高弟六人。日昭（実相寺）、日朗（妙本寺・光則寺）、日興、日向《にこう》、日頂、日持。

は **梅花無尽蔵**

古い書物を読んでいると、鎌倉の史跡がかつてどの場所にあったのか、また今の遺跡が当時から伝えられていたのかなど、まるで考古学者のようになった気持ちにさせる。作者は五山文学者の一人萬里集九《ばんりしゅうく》という臨済宗の僧である。『梅花無尽蔵《ばいかむじんぞう》』は明応のころ（一四九二〜一五〇一）に成立した漢詩集で、一四八五年に太田道灌の招請により江戸へ赴いた。翌年十月、鎌倉に六日間遊ぶ。抜粋ではあるが史跡を辿《たど》ってみよう。

▼二十三日　江戸城を出づ。品川に到り、東方やうやく明かし。薄暮に鎌倉の山内に入り、雪の下、扇ヶ谷を歴過し

て、鞍（馬）を健憓（徳）精舎に解く。開山は覚智和尚、営祖は上杉匠作（定正）。

注　建憓寺なる寺院はどこにあったかわからない。『鎌倉廃寺辞典』にも記載なし。雪の下から扇が谷を経ると山ノ内に入るがこの辺りに建つ禅寺であろう。

▼二十四日　亀谷山寿福禅刹に入り、殿裡の釈迦・文（文殊）・普（普賢）の三尊を拝す。（略）人丸塚を山巓《さんてん》に望み、六郎の五輪を道傍に指さし、つひに長谷観音の古道場を見る。あひ去ること数百歩、しかうして両山の間に、銅大仏に逢ふ。仏の長（たけ）七八丈、腸中、空洞にしてまさに数百人を容るべし。

注　今小路から由比が浜大通り経路。六郎の墓は宝篋印塔の見間違え。

▼同日　歩を由井（比）が浜の華表の下に移す。その両柱の大なること三圍（囲）。浜の畔《あたり》に両鴎、一鴉《いちあ》あり。魚を争ひ、煙波の間に翺翔《かうしゃ》す。

注　華表は神社の鳥居。鴉はカラス。翺翔は空高く飛び回る。

▼二十六日　水浜に臨んで舟を借り、絵の島（江ノ島）の大弁功徳天に謁す。風浪渺茫《べうばう》の外に遥かに士峰を望み、意気揚々たり。自ら羽化登仙する者かと疑う。燭を持して金、胎の両洞に入る。（白蛇に遭遇）

注　功徳天は吉祥天の別称。弁財天と同一視したのかより所不明。渺茫は広く果てしないさま。士峰は富士山。

まことに格調高い文章である。横文字を多用するどこぞの知事に読ませたい。一日の行程を記し、一番の印象に残った思いを「詩を作りていふ」と、日ごとに七言絶句を載せる。

参『万里集九』（吉川弘文館）

は 八景

幾度か変遷されたのち、大正三年公募で決まった「鎌倉八景」は、

大塔夜雨　大仏秋月　長谷晩鐘　鶴岡落雁
松葉谷晴嵐　光明夕照　比企暮雪　由井帰帆

である。日本の四季は、『枕草子』の冒頭にもあるように、「春はあけぼの、夏は夜、秋は夕暮れ、冬はつとめて」の伝統が踏襲され、のち『新古今集』の三夕の歌や、『千載集』に載る俊成の和歌「夕されば野辺の秋風身にしみて」などに受け継がれていく。ここで気が付くことは、夕暮れから夜にかけてもっとも「もののあはれ」や幽玄をかもしだす時間帯であることだ。昼間を入れないのは、唐、日本の伝統であった。貴族の社交の場や恋愛のやりとりは夜であることも重要な要素である。

鎌倉八景も、夜雨、月、晩鐘、夕照、落雁、暮雪、帰帆と夕刻から夜にかけての情景がテーマとなっている。晴嵐〈晴れた日に立ちのぼる山気〈山の冷え冷えとして爽やかな空気〉も意味を考えると夜が明けた時刻（つとめて）であろうか。

七里ケ浜から臨む夕景はなんともいいがたいおもむきがある。江ノ島と富士山のシルエットの眺望が情趣をさそう。春先、光明寺裏山から臨む（「かながわの景勝五十選」）江ノ島や雪冠の富士山もたしかに美しいが、あくまで鎌倉の理想郷としての情景なのであろう。

明治四十四年に画家の川端玉章の句集の中で「かまくら八歌仙」なる景勝地が選定された。

段葛桜雲　滑川群蛍　長谷明月　大臣時鳥
鶴岡春光　化粧白雪　由井漁火　寿福松籟

夜が三景、全体的に明るさを感じる。画家の目を通した名勝旧跡を中心とした思いがみてとれる。いずれにせよ、鎌倉八景は金沢八景にならい、俗化された鎌倉の状況を危惧し、旧来の景観を見つめ直して、保安を含めた整備が目的であったころの選定である。

参『鎌倉』百十一号

⑫ 二代目

「二世タレントは大成せず」のジンクスがある。政治家もしかりである。仕事を二代目に家業として伝えていないことに原因がある。安易になんとなく自分もという、あこがれや夢で仕事を選んではいけない。資質は占いのようなものであてにならない。

二〇二二年のNHK大河ドラマは、義時を中心とした御家人十三名を描く。陰険な義時をどのように脚色していくのか、彼の権謀術数の数々は見てのお楽しみだが、長期政権を継承させるには二代目が重要な役割を担っていく。二代目はカリスマ性を持つ初代以上に政治能力に長けていないとおもて舞台から消えていく。頼朝親政の武家政治から御家人主導の政治に切り替えた義時の先見は見事であった。頼朝死去のころ、北条氏の勢力は回りの豪族に比べれば途上武士団であり、武力も中程度か。その武力粛正を陰湿なまでに諂ったのが義時であった。身内の追放、将軍暗殺、豪族排斥、ついには皇位や天台座首の任命権まで奪取する。摂関将軍を幕府に迎えたのも彼の手腕といえる。義時は表立って権力を手中におさめるようなことはしない。家を守るキーパーソンは跡継ぎの二代目といえよう。義時は家督を直系に譲り、嫡流代々の当主を彼の法名をとり「得宗」と呼んだ。系図をみると連綿と九代が繫がり分派はしなかった。暫定執権職はあったものの、直系の流れは途切れなかった。

平成十七年、義時法華堂跡の発掘現場を訪れた。どのような建物かは想像するしかないが。現場から小道にもどり東へむかう。注意しないと気が付かないが、左側に坂道を上がっていく朽ちた石段がある。周りは竹やぶでうっかりすると見過ごしてしまう。石段を上りきると二つのやぐらがあり、一つは義時の墓と伝える。やぐら周辺は荒れ果てた状態で、功成った義時の遺跡を整えてはどうか。さて、三谷幸喜氏はどんな脚本を書き上げるのか。

（『雲隠』の項参）

参『北条氏と鎌倉幕府』（講談社選書メチエ）

に 忍性

極楽寺は、慈悲に過ぎた（『聴聞集』）といわせた忍性の建てた寺である。ハンセン氏病に生涯を捧げ、自らもその病に冒されてもなお精力的に奉仕活動をした。それだけではなく、多くの架橋工事に携わり、諸国の国分寺復興計画を実施した。当時の絵図をみると、百を越える塔頭《たっちゅう》が描かれ、療病院、癩《らい》宿、薬湯堂、施薬非田院、病宿、馬病屋など多くの病棟が置かれていた。長谷観音バス停近くに、桑ケ谷療養所跡の碑が立つ。実際はもっと極楽寺寄りにあったと思われる。一寺院にこれだけの救療施設を設置したのは珍しい。境内に千服茶臼と製薬鉢が野ざらしの状態で置かれてある。二十年間で、治癒率は実に七割七分六厘。これは時宗の援護が大きい。

極楽寺は真言律宗、奈良西大寺派の寺院である。北条重時が開基となり一二五九年に深沢より移築再興した。この時代に十万人の信者を有し、千五百の末寺があった。本尊の清涼寺式釈迦如来像は、釈迦在世中の生身のお姿を写したといわれる信仰厚い仏像であるが、西大寺、清涼寺それぞれの御顔はみな異なるというのも面白い。さて、『元亨釈書《げんこうしゃくしょ》』にこんな逸話が載る。

奈良坂にハンセン氏病で動けなくなった乞食がいた。忍性は隔日毎に背負って市に出て食事をさせ、夕方奈良坂に連れ帰った。雨の日も風の日も欠くことなく、数年間続いた。乞食は死にさいして、この世に生まれ変わって忍性の手伝いをし、あなたの徳に報いたい。顔に瘡《かさ》（できもの）がある者が私の生まれ変わりだと言った。彼の死後、奇しくも弟子の中に顔に瘡のある者がいて、忍性によく尽くしたという。

忍性五十六歳のとき「十種ノ誓願」をたて衆生救済を誓った。その第八番目に「我れに怨害をなし毀謗《きぼう》をいたす人にも、善友の思いをなし済度の方便とすること」を誓っている。織田信長は、自身に恥辱を与えた者は終生決して許さなかった。我々はこれに近いものを持っているのではないか。

参『忍性』（ミネルヴァ書房）

ほ ☆

天平二年（七三〇）、行基菩薩が鎌倉に来たとき、井戸のそばで虚空蔵求聞持《ぐもんじ》法を修していた。井戸に三つの明星が輝き鏡のようであった。七晩続き底をさらうと黒光りする石が現れた。行基は、虚空蔵菩薩の化身と思い、虚空蔵菩薩を彫り石とともに安置したと伝える。その井戸が「星月の井」「星の井」という。井戸の前の石段を上ると、星月山（明鏡山）円満院星月寺がある。通称虚空蔵堂ともいう。この石を取ってからは、井戸の明星も見えなくなった。また、ある時下衆女が誤って菜切包丁を井戸に落としたのち、星影が消えたとの伝説もある。この井戸は、鎌倉十井の一つで、かつては飲料にも使用していた。

暗記することを「そらんじる」「そらおぼえ」というのは、虚空蔵の空に由来する。学問や記憶力の仏であり、文殊菩薩は悟りを導く知恵で役割が違う。また、虚空蔵菩薩は、星辰信仰につながり、北斗七星や妙見を祀る。それは、虚空蔵求聞持法を修して成就するときに、天空から星が降るからで、その地に虚空蔵菩薩を祀るのである。家紋の星（曜）も、星信仰に関係がある。とくに千葉氏は死中に妙見を念じて大勝したことにより、絶大な信仰を得、家紋に月星、九曜を使用した。現在、一月十三日に開扉して護摩の修法を行う。京都嵐山法輪寺に「十三参り」という風習がある。子供が数え年十三歳になったときに、法輪寺の本尊虚空蔵菩薩に参拝して、厄よけをして知恵を授けてもらう。

「星月夜」とは鎌倉を導く枕詞であるが、『星月夜鎌倉山も過ぎ行きて闇になりゆく果てぞ悲しき』〈税所敦子〉。『我一人鎌倉山を越え行けば星月夜こそうれしかりけれ』〈永久百首〉。近くの谷を月影ケ谷ということから井戸の名が広範に使われた。この時代星の明るさは漆黒の闇を照らす道標であった。昭和二十七年まで鎌倉市の市章は「月に星紋」を使用していた。

材木座にある妙長寺は、伊豆に配流される日蓮が出帆した場所である。初め浜付近にあった寺を現在地へ移築した。明治二十三年、泉鏡花が二カ月この寺に滞在している。この時の経験をもとに短編小説『星あかり』を執筆した。夏の夜、戦慄《せんりつ》すべき異様な体験が綴られていく。寺から友人に締め出され、恐怖にかられて浜へと歩きだすおどろおどろしい作品である。

❹ 平氏

東国で平氏一族が活躍する話をすると、清盛の一族が関東でも勢力を張ったのかと、質問を受けることがある。平

氏＝清盛を払拭しなければいけない。略系図を載せると、

桓武天皇―葛原親王―○―○┬国香→伊勢平氏・北条氏祖
├良将→相馬氏祖
├良文→千葉氏・畠山氏祖
└良茂→三浦氏・和田氏・大庭氏・梶原氏祖

このように、国香の子孫が伊勢国に土着し伊勢平氏（清盛の祖）と名乗る。国香の兄弟は東国に土着し在地武士として地名を氏に冠するようになる。良文は、鎮守府将軍に任じられ村岡郷に住み村岡五郎と称し、開発領主となり各地に勢力を広げその子孫をとくに「坂東八平氏」と呼ぶ。平氏の諸系図は異同が多く不明な点もある。なお、良文は武蔵国大里郡村岡に住んだともいわれる。浄土宗二伝寺は、かつて良文が砦を築き、鎌倉の北の入り口として交通の要となった。寺の奥の山に、良文、忠光、忠通の塚（室町時代中期）が建つ。塚入り口には「坂東八平氏系図」が掲げられてある。宮の前にある御霊神社は、良文が九四〇年に京より早良親王の御霊を勧請したのが始まりと伝え、神社近くの共同墓地には村岡家一族の墓が建つ。良文が最初に鎌倉に入ってきたのが、鎌倉の北部であったことがわかる。古館《こたて》橋バス停はこのあたりに良文の館があった場所で、平場は大船まで広がっている。のち頼朝が鎌倉に凱旋したときに、御家人たちの軍馬を集結させ、奥州合戦のときもこの場所から出兵した。

清盛一族は伊勢国を根拠地として政界に進出し、平氏の宗家が清盛だともいえる。国香の兄弟は中央政界にポストがないと地方へ移住し、新たな開発領主として勢力を張っていく道を選んだ。東国は源氏ゆかりの地とはいうものの、その源氏を支えていたのは桓武平氏の一族であった。（『葛原』の項参）

源平の合戦と称すとき、「源氏VS平家」と言い表す場合が多い。氏とは、氏上《うじのかみ》〈族長〉が血縁を含む氏人（構成員）

を率いて朝廷に奉仕する組織で、氏人中もっとも官位の高い者が氏長者として引き継がれる。家とは、夫婦単位で生活、経営を営む父系的に連なる集合体で、嫡子によって継承される。平家一門というが源家一門という言い方になじみがない。平家には家族愛を感じるのは私だけか。

参『平将門と東国武士団』（吉川弘文館）

へ 蛇

「鎌倉は、蛇伝説のメッカである。

『鎌倉攬勝考《らんしょうこう》』に「海岸の湿地にして、また山々谷々多きゆへ、今もなほ蛇多しといふ」。また、蛇、谷、台、津、沢は水に関係し災害と深く結び付いている。谷《やと》を「やち」と訓ずるが「ち」は蛇のこと。（おろち・みずち）

①蛇ケ谷　a鶴岡若宮の東北（『沙石集』巻九ノ二）　b化粧坂の北　c釈迦堂谷より名越の切通し辺り

②蛇苦止井　妙本寺参道の手前北。比企氏の娘若狭（讃岐）局の霊の祟りを鎮めるため祀る。名越大町にある六方の井と通じ、主の大蛇は二つの井戸を往復しているという。（『怖い鎌倉』の項参）

③蛇枕　腰越田辺の池に大蛇が棲み、蛇が枕にしたという。

④銭洗宇賀神社　ご神体は伊豆石人頭蛇身像。白蛇を神として祀ったもの。食《うか》の神。豊作を司る神。

⑤常楽寺　色天無熱池（尾叩きの池）。蘭渓道隆と乙護童子（美女に変身させて禅師に仕えさせた）神使伝説。童子が大蛇に変わり木に七回半巻き付き、尾で池を叩いて昇天。

⑥蛇屋蔵　衣帳山山中。

⑦蛇松　妙法寺にあった高さ十三ｍの松。伐採しようとしたところ、棲みついていた大蛇が怒りの声を発したので、切ることができなかった。

⑧蛇ヶ井戸　浄明寺泉水ケ谷。由比の長者の開いた井戸。死後、里人が井戸水を汲もうとしたところ、井中より大蛇が出てきて里人を追い払った。以来汲む人もなく蛇井と名付けられた。

⑨マムシ沢　明月院境内。

⑩大仏《おさらぎ》　酒や食物や水を入れて神仏に備える器のことを「さらき」（皿器）という。尊いものは婉曲表現をしたため、神仏を「御サラキ」といった。④の「うが・うけ」（穀物・穀霊神）とも結び付く。土器のさらきは、蛇がとぐろを巻いている形をしている。その中央に穴が開いているように見えるので蛇穴《さらき》を蛇の目にあてた。大仏のある地は深沢と言い、大蛇伝説のあるところでもある。蛇の多い土地柄からの命名か。奈良県御所《ごせ》市に蛇穴《さらぎ》という地名がある

⑪寂外庵跡　玄（源）翁の庵跡。この辺りを寂外谷とも蛇居谷《じゃくがや》ともいう。頼朝がこの所を切通そうとしたところ蛇の棲む石があり血を流したため掘るのを断念したという。

⑫はやま（蛇山）　山の神、田の神で祖霊の性格をもつ。大蛇をハハと訓ずる。

かじはら（梶原）梶の葉は蛇神。蛇を象徴。

こつぼ（小壷）　壷は蛇の象徴。女陰の象徴（豊饒の神）

ふくろ（巨福呂）水に囲まれた袋状の低湿地帯。蛇も多く棲息。

⑬緒方三郎惟義《これよし》　昔山里の女のもとに男が通っていた。ほど経て女は身ごもる。母は男の正体をあばくために、通ってきた男の首に針をさし、おだまきをつけた。翌朝、糸の跡をたどって行くと山洞に大蛇が苦し

んでいた。大蛇は、生まれた男児は九州無双の男となるといい残し息絶えた。生まれた子の五代の後裔が緒方三郎である。これは『平家物語』にある蛇身の末裔の話である。『源平盛衰記』では、この緒方は蛇の尾の形の印と鱗が身についていたからだという。三郎は義経を匿おうとして頼朝の怒りを買い、遠流に処せられた。（『葛原』の項参）

参『蛇』（講談社学術文庫）

㋣ どこもく地蔵

もとは、英勝寺西北の智岸寺ケ谷にあった。のち、鶴岡八幡宮の正覚院に移り今、瑞泉寺境内の堂内にたつ。

昔、ある堂守が、もっと実入りの良い仕事を見つけようとしたところ、彼の夢枕に地蔵が現れ「どこもくどこもく」と言って消えた。堂守は目覚めると「仕事を変えようとどこも苦労は同じだ」と悟り、一生この地蔵を守り続けたという。人は辛いからといって、仕事を変えても、離婚し再婚しても、また新たな苦労が身にふりかかる。逃げてばかりいないで、苦労を克服すること、試練を乗り越えることが大切な事だと思うが。戦国武将山中鹿介が、主君尼子氏を再興しようしたおり、彼は月に向かって「我に艱難辛苦を与え給え。我れ月を形見にす」と誓ったそうだ。こうした強い意志を秘めてこそ人生意気に燃えないか。

鎌倉には「身代わり地蔵菩薩」とよばれる地蔵がある。

斉田地蔵（建長寺）　罪人斉田左衛門という武士が斬首されようとしたところ、彼の髻《もとどり》の中に小さな地蔵があり、そこに刀創《きず》があった。斉田が日ごろ信仰する地蔵が身代わりとなってくれた。彼は許されて、地蔵を伽羅陀山心平寺本尊の頭部に納めた。後年心平寺廃寺跡地に建長寺が創建されると丈六の本尊地蔵菩薩の胎内に移し納め、以来斉田地蔵と呼ばれるようになった。心平寺は天授院と名のり、今横浜三渓園に移築されている。建長寺本尊は三代目で、斉田地蔵は別に厨子入りで安置されている。

身代わり地蔵（延命寺）　北条時頼が夫人（女房という説もある）と双六をしたおり、負けた方が裸になるという賭けをした。夫人が負け、一心に地蔵菩薩を念じると、女人に化けた裸の地蔵が双六盤の上に立ち現れ夫人を救ったという。本尊左脇に双六盤の上に衣装をまとった地蔵が安置されている。　参『もののけの日本史』（中公新書）

黒（火焼《ひたき》）地蔵（覚園寺）　地獄に落ちた咎人の苦痛を助けるため、獄卒に代わり火を焚くので真っ黒になってしまった。彩色し直しても一夜のうちにもとの黒ずんだ色にもどってしまうという。この地蔵はもと鎌倉の浜にあり、のち二階堂に移し、そのおりに奇跡があったという。これは『沙石集』にある話だが、この地蔵は丈六（約四・八m）とあり、覚園寺にある黒地蔵は一・七mである。

身代わり譚は時頼の時代に多い。地蔵は現世利益的な面で民衆に支持された。人々の間に交わり、慈悲を侍って咎人の苦を代わり受けてくれたり、危難を身代わりとなってくれたり、地蔵の利益は人々に信奉されるようになった。時頼が善政を敷くも（時頼伝説が全国にある）一方で、民衆の立ち行かぬ現実もあった。戦乱、火災、悪党と必ずしも平穏な時代とはいえなかった。彼らにとって現世利益の身代わり信仰が、極楽往生より今を生きるために切実なことであったのだろう。（『伝説』の項参）

参『地蔵信仰』（塙書店）

ち 力餅（権五郎力餅）

「権五郎の宮に詣でぬ。力餅を売る婆が語るにさても昔の人の力強さよ」（『今弁慶』江見水蔭）。力餅とは、食べると力がつくという餅、気力をつけるために用いた餅。御霊神社の参道口に寛政三（一七九一）年に創始した団子屋（力餅屋）が暖簾を守る。市内最古の老舗である。近くに星（星月）の井があり、江戸時代旅人の喉を潤した。御霊神社の祭神鎌倉権五郎景正（政）は、大力で知られ「権五郎力餅」はこれにあやかったものだ。境内には、景正が鍛えたという手玉石と袂石がある。形跡から和賀江ノ島築港の石であろう。

一〇八三年、奥羽の豪族清原氏の乱があった。都から源義家が下向しこれを平定した。後三年の役〈合戦〉（一〇八三～八七）という。その時従軍したのが、若干十六歳の青年武将鎌倉景正であった。鎌倉党といわれた、大庭、梶原、長尾の祖である。敵兵の鳥海弥三郎の射た矢が、景正の右目（左目とも）に当たり、矢は錣《しころ》まで貫いた（死んでまうがな）。怒った景正は、矢も抜かずして弥三郎を追い詰め首を討つ。同じく義家軍に随行していた、三浦為継が駆け寄ってきて、矢を抜こうとすると、景正は、太刀を抜き為継めがけて斬りかかろうとした。「人の顔を足で踏み付けて矢を抜くとは何事か。このような屈辱はない。お前を切り殺しわしも腹を斬る。」と言い放った。それを聞いた為継は、平謝り、改めて膝を屈めて、景正の顔を腕で押さえて矢を抜き取ったという。その後、川で目をすすぎ独眼となった 景正は鎌倉へ凱旋する。死後、神として祀られ御霊神社が建立された。今鎌倉郡に十八の御霊神社があり、一社を除きすべて景正が祭神となっている。坂の下にある神社が最も古い。

文治元年（一一八五）八月、神社の社殿が地震のように鳴動し、扉が壊れた。また、十二月北条政子に仕える女房下野の局の夢に、景正と名乗る老翁が現れて、「鎌倉に讃岐院（崇徳院）の怨みが充満している。自分も防ごうとしたが、とても叶わない。何とか国土無事の祈りを上げてほしい旨を、若宮の別当に伝えてほしい」と告げた。幕府の奉幣使が慰霊している。御霊神社は、当初は相模五平氏（大庭《おおば》・梶原・長尾・村岡・鎌倉）の祖霊を祀り、五霊神社とよんでいた。後に、武勇名高い鎌倉権五郎景正の一柱だけを祀るようになる。地主神として幕府の守護神化した。坂の下の御霊神社の縁起によると、源為義は景正の遺骨を京へ運ばず、景正の望んだ甘縄郷に埋葬し、平良兼―致経―忠通―景成―景正をともに祀り、五霊宮と称したという。荒ぶる神をもって祟りを忌避《きひ》させ、疫病や厄を祓うという、畏敬の念が信仰に繋がった。こうした信仰は日本だけである。五郎も御霊と結びつき御霊会などとも関係してくる。

参『前九年後三年合戦と奥州藤原氏』（高志書院）

ち 地形由来説

①竈《かま》に似て谷《くら》が発達していた。（『大日本地名辞書』）

②カマは周囲にある山地、クラは内部の谷の意味。（『日本地理志料』）

③カマは洞窟、河底の凹《くぼ》み、クラは谷、岩の意味。（『地名の語源』）

④カマは噛む、クラは刳《ク》ラで崩壊地形、浸食地形の意味。（『地名用語語源辞典』）

⑤カマドのカマはホラと同じく凹みを意味する。現実には火を焚く所、火処《ほと》であり女陰を象徴するもの。クラが凹に対する呼称であり、座の漢字か宛てられ神の降りる座、神の依代と解されるが、クラには本質的に神聖な意味はない。

a天之闇戸神（アメノクラドノカミ）『古事記』上　b闇於加美神（クラオカミノカミ）『同』　c闇山津見神（クラヤマツミノカミ）『同』

ａは渓谷を司る神　ｂは渓谷の水を司る神　ｃは谷山を司る神
山が迫り合ってＶ字型が鋭角になれば光も届きにくいので暗くなる。谷の古語がクラであることも推測となろう。
（『日本古代呪術』吉野裕子）
⑥そぞろ行き程遠からぬ途《みち》の辺に　仇と味方の奥つ城《き》処（『鎌倉雑詠』西田幾多郎）
⑦どこまで行っても小さな谷と樹木が生い茂る小さな丘の同じ連なりと同じ迷路、それが視線を遮り、地平線の臨めぬ道に人を閉じ込めてしまうような印象を与える。（『ロチのニッポン日記』Ｐ・ロチ）
⑧『死の島』ベックリン（バーゼル美術館蔵）は、第一次大戦の兵士たちが絵葉書にして持参していたそうだ。すっぽりと包まれている一種の安堵感は、生命を包み育む母の胎内の連想へとつながる。島そのものがまるで鎌倉の様相を呈している。
鎌倉は闇と陰の街、カマドのように暗い土地、隠国《こもりくに》型の理想郷、「やぐら」は谷戸にある暗い場所、そんな街のイメージが陰惨な武士の街と重なり合う。（『谷戸』の項参）
参『日本史の謎は地形で解ける』（ＰＨＰ文庫）

ち 血ぬる

『男衾三郎絵詞』のなかに「我が家の門に血の匂いを絶やすな」と獣の生首を門前に掲げ、さらに「知らぬ者が家の前を通らば、矢を射掛け首をば取りて門に架けよや」と威嚇する。奥州平泉の合戦で頼朝は、泰衡の首を長さ八寸の鉄釘をもって木に打ち付けたという。これには伏線があり、後三年の役のとき、義家は金沢柵にいる非戦闘員女子供を大量虐殺している。義家に対して悪口をはいた千任《ちとう》を捕らえ、憎悪に燃えた義家は歯を割り舌を抜き主人清原家衡の首の上に吊り下げた。力つきた千任は主の首を踏んで息絶える姿を、義家は見て溜飲を下げたという。義家を称賛した藤原宗忠でさえ『中右記』のなかで、「義家は罪なき人を殺戮《さつりく》してきた悪事の報いがとうとう子孫に及んでしまった」と非難している。まさに血ぬる世、自由狼籍の集団であった。武士にとって血はいけにえの儀式であり、戦闘の苛烈さが大規模であるほど武勇を誇りしいては恩賞も増大した。

歌舞伎の舞踊に「吉原雀」という演目がある。義家の奥州攻めを舞台とした所作事で、原作では義家と鷹の精霊が夫婦の鳥売りに身をやつし、吉原へ来て放生会の由来や遊郭の様子を踊る。最後に二人の正体を現すという筋立てだったが、今日では単にくるわ情緒豊かな男女の鳥売りの踊りとなっている。残虐非道な義家を弓矢の道の象徴として「鷹」を登場させ、惨《むご》い霊魂を弔祭した。

軍記物語などの描写もきわめて峻烈《しゅんれつ》である。

「源氏の先祖伊予入道頼義は、貞任《さだとう》、宗任《むねとう》を攻めんとて、十二年（前九年＋後三年）が間に人の頸を斬ること一万六千人、山野の獣江河の鱗《うろくづ》その命をたつこと幾千万といふ数を知らず」『平家物語』

頼朝が伊豆国配流のとき、伊東氏の娘とねんごろになり、男子を設けた。伊東は平家に憚る子として激怒し「毒の虫をば頭をひしぎて、脳を取り、敵の末をば胸をつきて胆を取れ」『曽我物語』と命じ子を簀《す》巻きにした。

参『中世を考える「いくさ」』(吉川弘文館)

ⓡ 理斎随筆

江戸時代には多くの随筆が出版された。それは枚挙に遑《いとま》がない。また、鎌倉関連の話も多い。『理斎随筆』は志賀忍（一七六三〜一八四〇）が自身の見聞を編んだ随筆である。彼は、狂歌で名を高めた人である。源氏の人々にふれた項のほか、腰越状や当時のエピソードを交えた記述もみられる。二、三紹介しよう。（▽は要約文）
○元暦元年九月、平家追討の大将として、蒲冠者《かばノくわじゃ》範頼、室高砂に逗留ありて、遊君を召し集め、ゆるゆる酒宴に及ばれけると。この事後世よりみては、あるまじき事の限りなるべし。
○相書に、〜かくのごとき眉を判官眉と名付けて短気の相とす。
○白拍子は、元来白き水干に左右巻《さふまき》をささせ、烏帽子を引き入れたれば、男舞といふ。禅師（磯）が女《むすめ》静これを継ぐ。これはじめなりと。
▽谷文晁《ぶんちょう》の元に四十くらいの比丘尼が現れ、自分の絵を描いてほしいと懇望する。白拍子ならば静御前の八幡宮での故事を舞えるかと問うと、否と答える。どうしても舞の姿を描いてほしいと再度頼むも、文晁は舞を見たことがないので描けないというと、女はすっと立ち上がりみごとな舞を披露した。文晁は感動してすぐに描いて絵を与えたという。
○『吾妻鏡』に将軍家より十字を賜ふといふことあり。鎌倉の僧に御尋ねありければ、饅頭のことなりと申す。饅頭を四つに割るに、刃物を入るるゆゑに十字といふとぞ。
▽昔、何曽は、贅沢で蒸し餅の上に小刀で十字を入れないと食べなかったという。（『晉書』）
○陣太鼓のはじまりは、源義経が軍中もの騒がしく下知を伝え兼ねたときに、太鼓を打って静まらせた。これが陣太鼓の初めというのは非なり。神功皇后が三韓征伐のとき、三軍に令を下して日く「金鼓《きんこ》節なし。旌旗違《せいきたが》ひ乱れなば、士卒整はじ」といへる事『日本紀』に見えたり。

り

利益《りやく》

利益とは仏に従うことにより得ることのできる幸福、利益をいう。己を益することを功徳といい、他を益することを利益とよんでいる。病を治し、寿命が延び、金銭・名誉などを得ることを現世《げんせ》利益とよぶ。仏教では、これらを名利として厳しく退けている。しかし、人は欲の塊、棚からぼたもち、藁をもすがる気持ちから神仏に祈りを捧げる。そんなご利益のある寺院を少し紹介しよう。

▼安国論寺　日蓮伝授の虫歯封じ秘伝が伝わる。歯の病気平癒の呪符がある。

▼定泉寺　戸塚区（大船からバス5分）にあり田谷の洞窟として有名。受験に験ありという。鉛筆加持は有名で、日ごろ使用している筆記用具を七日間預けて祈祷してもらう。

▼常栄寺　通称ぼたもち寺。不当解雇された人を守護する。桟敷大明神のお札、お守りを授与している。

▼妙法寺　通称苔寺。日蓮の木像は、厄よけの日蓮といわれる。（『寺』『山号』の項参）

▼安養院　北条政子が夫である頼朝の菩提のため建立。将来性のある男性と縁がある。

▼上行寺　本堂右手の稲荷堂は皮膚病、ガン封じに効験あり。

▼東慶寺　駆け込み寺として有名。江戸時代、夫の同意がなければ妻は離縁できなかった。ただ、本寺に駆け込み三年間留まれば自動的に離縁が成立すると定められた。とはいうものの、受け入れは難しかったらしい。無条件で入山させたわけではない。夫を呼び説得させて帰らせることもままあった。また無料では受け入れ難くいくばくかの金銭も必要とされた。さらに、途中六郷の渡しのあたりで追っ手に無理やり連れ戻される者も多かった。ＤＶに耐えながら一生を終える女性もあまたいたのではないか。京都安井金比羅宮は、悪縁を切り良縁を結ぶ神社だが、東慶寺も新しい再出発の意味で参拝してはど

うか。境内には多くの梅の木がある。梅は首途《かどで》を象徴する花である。

ぬ　ぬばたまの

黒地蔵（火たき地蔵）の縁日には、毎年八月九日の夜中から参詣にくる人もいるほどの賑いをみせている。約百八十㎝の高さで鎌倉中期運慶派の仏師によって作られた。地獄を廻り罪人が責め苦にあっているのをご覧になり、自ら獄卒に変わり、火を焚き罪人の苦しみをやわらげるようになさった。そのために火を体に受け黒くすすけているのだという。何度も彩色し直しても、一夜のうちにもとのように黒くなってしまうそうだ。この地蔵は、鎌倉随一の秀作といわれている。（『どこもく地蔵』の項参）

黒地蔵のある覚園寺（古義真言宗）は大倉薬師堂が前身である。源実朝暗殺と関係深い寺で、鶴岡八幡宮で実朝の拝賀の式に北条義時も太刀持ちとして供奉していた。闇のなか白犬が現れ義時の前を横切った。急に気分が悪くなり太刀持ちの役を替わってもらい自邸に戻った。ちょうど戌の刻であった。しばらくして義時邸に使者が走り、実朝斬殺の報を聞く。まさに九死に一生を得た義時は、あの夜、薬師堂の中の十二神将のうち、戌神が消えていたことを知る。以後、北条氏が厚く保護し貞時の代に覚園寺となる。薬師如来の右脇侍の月光菩薩。日光菩薩と対で独尊で信仰されることはない。鎌倉時代の代表的遺作である。

裏山は天園ハイキングコースとなっている。途中鎌倉最大のやぐら群が現れる。現在百七十七穴が確認され、通称百八やぐら群と呼ばれている。尾根沿いに偏在し不気味な雰囲気を醸し出す。鎌倉の語源のひとつ「竈《かまど》」のような暗い地形を象徴しているかのようだ。

参『覚園寺』（中央公論美術出版）

③ 累代

家が五代続くと名門といわれた。ただし、例えば、私の曾祖父は○○の創設者で、自分はしがないサラリーマンの場合名門とは言えないらしい。人が続くのと家が続くのとでは本質的に異なるようだ。

鎌倉武士は累代をどのようにとらえていたのだろうか。『吾妻鏡』によると

▼延朗上人は、多田新発《しんぼち》満仲八代の苗胤《べうえい》対馬太郎義信が男なり。累葉弓馬の家より出で、（文治二年三月二六日条）

▼三浦義明いはく、我源家累代の家人として、幸ひにその貴種再興の秋《とき》に逢ふ、（治承四年八月二六日条）

▼武蔵国長尾寺並びに弘明寺等においては…これ源家累代の祈願所なり。（治承五年一月二三日条）

▼〈義経腰越状より〉勅宣の御使として朝敵を傾け、累代弓箭《きゅうせん》の芸を顕し、会稽《かいけい》の恥辱を雪《そそ》ぐ。（元暦二年五月二四日条）

▼相模国波多野本庄北方は、義景累代の所領なり。（文治四年八月二三日条）

▼吾妻助光はさせる大名にあらずといへども、常に累家の勇士としてこれを召し加へられ、（建永二年八月一七日条）

すべて個人的なことがらではなく、綿々と続く家の誇りを己の矜持として生きる支えとしていった。この時代戦がなくとも、災害や病で人は倒れていく。栄養失調で亡くなる者も数えきれない。そんな世を生きるには強い精神力が必要となる。それが累代、累家、累葉であった。戦う前に名乗りというのがある。

▼梶原大音声をあげて名乗りけるは「後三年の戦いのとき、生年十六歳で真っ先にかけ、弓手《ゆんで》の眼《まなこ》を兜の鉢付けの板に射つけられながら、答《たふ》の矢を射て、その敵を射落とし、後代に名をあげたりし鎌倉権五郎景正が末葉、梶原平三景時、一人当千の兵ぞや」（『平家物語』巻九 梶原二度掛）（『力餅』の項参）

いかに祖先に剛勇な兵がいたかがかれらのステータス・シンボルとなる。徳川家康は、自分は八幡太郎義家の流れ

をくみ義家のおかげで徳川家があるとの考えのもと、代々通字に「家」の字を使用した。梶原氏も鎌倉景正の「景」を通字とした。ここに血縁紐帯の意識が確立していく。

㊀怨霊・怨念

日本で最も恐ろしい怨霊は、崇徳天皇といわれる。為政者は政権をとると必ず崇徳天皇を祀る。それは明治政府も例外ではない。京都に白峰神社を建立し崇徳天皇を慰撫、また護良《もりよし》親王をも南朝忠臣の顕彰政策として鎌倉（東光寺跡）に大塔宮《おおとのみや》を祀った。平泉の鞘堂も怨霊の封じ込めの意味がある。平穏な世を希求するならば、怨霊の鎮魂が不可欠であった。鎌倉二階堂にある永福寺建立も、義経、平泉合戦の犠牲者の慰霊のためであった。中尊寺や毛越寺を模して建てた理由も、平泉を再現し憤死したかれらが怨霊と化して、その祟りを恐れたための鎮魂である。天災、疫病、世に災いを与えるのは、かれらの怨霊のしわざとされ、とくに強い神仏を祀る。たとえば、牛頭天王や薬師如来をもって封じ込めたり退けたりする。鎌倉には多くの鎮魂寺院が存在する。妙本寺（比企一族の鎮魂）、東慶寺（安達一族の鎮魂）、建長寺（刑死した人々の鎮魂）、宝戒寺（北条一族怨霊の鎮魂）、東勝寺五輪塔（同）、大倉法華堂（死者の滅罪・頼朝墳墓）。鎌倉時代だけでも百二十四回の火災がおきている。永仁の大地震では市内だけで二万三千二十四人の死者が出ている。これらはみな死者の祟りだととらえ、幕府は四年後徳政令を出した。良い政治をすると地震からも解放されるとの考えがあった。武士は殺生行為を繰り返している。そこから怨霊の祟りという目に見えない形で苦悩させる。そこで出家（入道）、読経、修法、仏像安置、寺社建立など実施する。

頼朝の怨霊対策として

鎌倉に結界をつくる。（四角四境祭）……………疫が入ってこないため
妻の安産祈願のため大路を造営……………当時異常出産が多かった
崇徳天皇の建立した成勝寺《じょうしょうじ》を造営……………怨霊鎮魂のため
勝長寿院建立……………………………………父と平氏亡霊供養のため
鶴岡放生会………………………………………源氏の滅罪と平氏供養のため
鶴岡八幡宮新築…………………………………平氏一門の怨霊鎮魂のため

ひとえに死者の霊を畏怖し、その対応に苦慮していたことがわかる。
仏罰以上に怨霊を恐れたのは、恐怖という心理的波動に憑依《ひょうい》されるからである。昭和三十四年から毎十月に開催される鎌倉薪能は大塔宮鎮魂祭である。能の多くは無念の死を迎えた者たちが題材となる。その鎮魂が「能」という形で受け継がれていった。日本文化、芸能、祭りは死者（敗者）の鎮魂にある。花見、花の下での和歌、絵画、文学、能楽などは、現世の人々に災いが起きぬように意図したものである。災いの「わざ」とは神のような何かの力にかかわる意味で、「はい」ははびこる、広まる意味の「這ひ」であり「災い」とは「秘められた神意の現れ」ということらしい（大野晋説）。中世の鎮魂とは無念の死に遭った者と共存・代償の連鎖であった。

参『怨霊とは何か』（中公新書）『跋扈する怨霊』（吉川弘文館）

ⓦ 和歌

万葉集

3365　鎌倉の見越の崎の岩崩えの君が悔ゆべき心は持たじ

3366　ま愛しみさ寝に我は行く鎌倉の水無ノ瀬川に潮満つなむか

3433　薪伐《たきぎこ》る鎌倉山の木垂《こた》る木を松と汝が言はば恋ひつつやあらむ

4330　難波津の装ひ装ひて今日の日や出でてまからむ見る母なしに

右の一首は鎌倉の郡の上丁《かみのよほろ》丸子連《むらじ》多麻呂

二月ノ七日、相模ノ国の防人《さきもり》部領使守従五位下藤原朝臣宿奈麻呂、進《たてまつ》る歌の数八首。但し、拙劣の歌五首は取りて載せず。

金槐和歌集　他

雨そぼ降れる朝、勝長寿院の梅、所々咲きたるを見て、花に結びつけし歌

古寺の朽木の梅も春雨にそぼちて花ぞほころびにける

三月のすゑつかた、勝長寿院に詣でたりしに、ある僧、山かげに隠れるを見て、花はと問ひしかば、散りぬとなむこたへ侍りしを聞きて詠める

ゆきて見むと思ひしほどに散りにけりあやなの花や風立たぬまに

七月十四日夜、勝長寿院の廊に侍りて、月のさし入りたりしをよめる
ながめやる軒のしのぶのつゆの間にいたくな更けそ秋の夜の月

建保五年十二月、方違へのために永福寺の僧坊にまかりて、朝帰り侍るとて小袖を残しおきて
春待ちて霞の袖に重ねよと霜の衣の置きてこそゆけ

大嘗会《だいじやうゑ》の年の歌
今造る黒木の両屋古りずして君は通はむ万世までに

鶴岡八幡宮蔵詠草（三首のうち一首）
鶴が岡の神の教へし鎧こそ家の弓矢のまもりなりけれ

鳩
飛びかけるくらぶの山の峰《ね》に生ふる松は千歳を限るばかりぞ

参『鎌倉百人一首を歩く』（集英社新書）
『鎌倉の歌人』（かまくら春秋社）

注　この項はあえて説明を省いた。

ⓦ 鷲伝説

東大寺開山並び大山開山良弁《ろうべん》は、相模あるいは近江出身という。幼児期に金色の鷲にさらわれ、両親は各地を探したが行方知らずとなった。一方、さらわれた稚児は木の上に居たところを義淵《ぎえん》僧正に救われ育てられた。成長し良弁僧正となっていたことを父母は風のうわさに聞き、その後親子めでたく再会した。

良弁の父親こそ鎌倉の始祖的人物、染屋太郎時忠である。ただ、鷲にさらわれたのは女子であるとも、鷲に食い殺されたとも伝える。鷲は霊鳥として金鷲などと呼び尊崇された。染屋氏は漆部《うるしべ》族とも百済族ともいわれるが未詳。

鎌倉には染屋時忠伝説（子を含む）が遍在する。

邸宅跡	由比が浜。長者久保。
辻の薬師堂	元長善寺。時忠の創建（神亀年間〈七二四～二九〉）。
塔の辻	市内に七ヶ所あり。街の境には子を探すために石灯龍などを建てた。（『辻子・辻』の項参）
甘縄神明社	時忠の創建（天平年間〈七二九～四九〉）。かつて位牌もあった（神亀五年戊辰十月八日）。
多聞院	岡野観音。子の供養のために造立。
稚児塚	子の墳墓。六国見山の尾根沿い。
鷲宮	妙法寺境内。大鷲明神。鷲の背に乗った稚児の像あり。
如意輪観音	来迎寺（西御門）。子の遺骨が収められてあると伝える。
魔の淵地蔵	岐れ道付近。子がさらわれた場所。近くに流れる川が血で真っ赤に染まったという。

魔の淵あたりは、畑にしても実はならず飢渇《けかち》畠と呼ばれ、鎌倉には何ヶ所かある。（六地蔵の祀られてある地はかつて刑場跡であった）

伝説とは、話そのものが虚構である。あるいは事実に反すると懐疑的であれば、伝える契機を失ってしまう。しかし、火のないところに煙は立たずではないが、そこに宗教性、神話性をもちあわせたものが伝説となる。染屋伝説（鷲伝説）がなぜ鎌倉発祥なのかを考えてみなければいけない。

参『図説鎌倉史発見』〈第二部〉（彩流社）

魔の淵と地蔵尊（染屋太郎の娘が鷲にさらわれ娘の血が滴り落ちた所）

か 隠れキリシタン

桜の咲くころ、数人の友人と段葛を歩いているとき、大路の左側に正装した人だかりが見え近づいてみると、そこはカトリック雪の下教会。ウェディング・ドレス姿の新婦が、手にブーケを持ち幸せそうな笑顔で手を振っている。一斉に回りから拍手がわく。カメラをむける者、祝福をかける者、満開の桜も微笑んでいるようだ。

この教会の大聖堂内の一角に四枚の油絵がある。一六二三年に鎌倉の坂の下に住んでいた三人のキリシタンは、江戸から巡回にきたガルベス神父とともに捕らえられ、江戸で処刑された彼らの殉教の絵で作者は鎌倉在住の画家村田佳代子氏。

江戸でキリシタンにとって絶好の隠れ家が浅草にあった。家康は小田原征伐の後、鶴岡八幡宮の警護が必要となり、多くの人足が必要となった。浅草近在のかれらも密かに交じって鎌倉へ移住してきた。その場所が坂の下である。その後、親族の子孫は転宗して北鎌倉にある光照寺が檀那寺となったと伝える。山門の内側頭上に掲げてある紋所は「中川久留子紋」（レプリカ）と呼ばれる。豊後国岡藩主中川氏は、もとキリシタン大名であった。十字架紋の一種であるが、中川氏はこれを「轡《くつわ》紋」として幕府に届けている。くつわとは、馬の口に含ませる鉄の輪で、ここに手綱をつけ馬を制御する。中川氏が創建した東渓院（鎌倉市台）が廃寺となり、久留子紋付山門を光照寺に移築した。東渓院はキリシタンとは全く関係ない。ロウソクに灯をともすと後ろの白壁に十字架のシルエットの写る燭台が残る。また、東慶寺には、ＩＨＳと刻まれた美しい蒔絵と螺鈿が施されている聖餅《せいへい》箱（重文）が残されている。聖餅箱とは、パンを入れてミサで使う聖具のこと。パンはキリストの体といわれる。なぜ、これが東慶寺にあるのかはわからない。北鎌倉は禅寺のメッカである。その大寺院をカムフラージュにして、隠れキリンタンが潜んでいたのかもしれない。

光照寺は一方、一遍上人と関係深い寺で、一遍一行は巨福呂坂切通しで大守（北条時宗）と遭い、鎌倉に入る前に追い払われた。その夜過ごした場所がこの辺りであった。のち一遍の徳をたたえ一山を建立したのが光照寺である。鎌倉のおもしろいところは、調べ出すとひとつの事件が横へ横へと広がっていく、その連鎖をみつけるのも鎌倉の楽しみである。

参『かくれキリシタン』（ＮＨＫ出版）

㋕ 過激派

いかなる弾圧も恐れず、己の信念のもと布教をまっとうした人こそ日蓮である。法華宗を信心している方には申し訳ないが、弁巧丸腰の過激派といってもよい。日蓮がそこまでしなければいけない事情とは何か。布教するには経済的基盤が必要であり、禅宗や真言律宗は幕府の後ろ盾があった。日蓮は辻説法などをして信者を増やしていく。そのときの説法があまりにも過激（四箇格言）であったために、ついには幕府を脅かす存在となり、五回の法難と二度の流罪を経験する。そのたびに心を強くし、ついには一宗派を確立していく。

また、口舌《くぜち》がもとで非難を浴び斬首の憂き目にあう(その後赦免)。文永のころ日照りが続き幕府は忍性、日蓮らに雨乞いの修法を行わせた。忍性が失敗した後、日蓮が祈祷するとみごとに雨が降った。ここで日蓮は黙っておればよかったものの、忍性に対して罵詈雑言をあびせる。忍性はこれを幕府に訴えて、日蓮は首を斬られることとなる（竜の口刑場)。このとき、奇跡が起きて日蓮は助命され、のち弟子たちが日蓮の奇瑞の場所として、この地に龍口寺を建てた。難除けぼたもちクッキーという食べるお守りがある。また、おみくじの凶がここでは恐となっている。確率は六％。

この不屈の精神を受け継いだのが、妙隆寺二世日親である。京都本法寺を開き活動の場とした。生爪を剥がし針を突き刺し、その手を熱湯に押し入れるという苦行を断行する。六代将軍足利義教に法華経をもって諫暁《かんぎょう》を決意した。義教は、日親を捕らえて地獄の責め苦さながらの拷問を受けさせた。夏は、燃え盛る薪の前に据えられ、冬は裸で笞《むち》打たれ、熱湯風呂、焼いた鍬《くわ》を両脇に挟まれ、舌の先を切られ、ペニスに竹串を通され、真っ赤に焼けた大鍋を頭にかぶせられた。このときから彼は「鍋かむり日親」と呼ばれる。他宗を非難する日親に、信者もまた増えていった。幕府は脅威に感じ日親を再び獄舎につないだ。日親五十六歳のときである。そのとき同じ獄舎にいた本阿弥清信は、刀剣のことが原因で入牢させられていた。日親の出会いによって帰依し、本光と名を改め、本阿弥家は代々「光」の字を名に冠するようになる。妙隆寺は、日蓮・日親・日英の座像が安置。本堂前の池は、生爪を剥がした血の水で墨をすり曼荼羅を書いたという「忍力行法の池」である。

参『日蓮』（ミネルヴァ書房）『鍋かむり日親』（哲山堂）

か 下等茶

鎌倉散策のなか、美味しいお抹茶をいただける寺院がいくつかある。円覚寺仏日庵、同寺如意庵茶寮安寧、浄妙寺喜泉庵、報国寺休耕庵、そして宗徧流止観亭などなど寺院とお茶は密接な関係にある。栄西が茶種を脊振《せぶり》山（福岡県）に植えたのが、我が国の茶の栽培の始めといわれている。栄西が将来した茶を栂尾《とがのお》に栽培したのが明恵上人である。以後、栂尾の茶を第一級（本茶）とする。高山寺に茶碑が残る。実は鎌倉でも茶を栽培していたのをご存じだろうか。称名寺（金沢文庫）には茶園が整っていたそうだ。縁西という人物が「詫磨《たくま》宿所ノ後ろ山ニ、茶を植ゑ候」と茶種を催促している手紙が残る。詫磨（宅間ケ谷）は、報国寺、止観亭がある付近をいう。上級武士や寺社では既に茶を栽培していた証拠である。ある女性が手紙の中で「去年、たまはりて候しを、悪ろく植ゑ候て、生いも出で候はぬ」と、御家人の夫人たちが屋敷や裏山を利用して、茶を植えていたことをうかがわせる。しかし、鎌倉は茶の栽培に適していたのか。今日の宇治山田の茶園をみれば、気候や土壌がまるで異なる。「悪ろき茶をたまはり候はんずる」「私にも御捨茶の候はんをり」「田舎茶は珍しからぬ御事」など、手紙にみえるように、あまり良き茶でない下等な茶である。しかし、それでも嗜好品としての茶は人々にもてはやされた。室町時代に入ると「闘茶」とよばれる利き茶が盛んとなるほど隆盛する。

鎌倉時代の産地の北限が、埼玉県松伏町あたりであった。ここで摘れた茶は、称名寺の年貢となっていたらしい。今は茶園の跡形もなく、のち川越茶や狭山茶へと引き継がれていく。金沢貞顕（十五代執権）、海岸尼寺（称名寺近く）の尼僧（？）が栂尾の第一級の茶を手にいれたときにはたいへん喜んでいる。高級茶が手に入るのは一部の特権階級の人々である。加糖茶（抹茶ラテ）などを彼らに振る舞ったら、ちょっとだけどころか腰を抜かすかもしれぬ。（『喫茶養生記』の項参）

参『中世鎌倉人の手紙を読む』（岩田書院）『茶の湯の文化』（淡交社）

よ 妖怪

何かようかい？　鎌倉に妖怪が出てきたら思わず妖怪にむかって言いそうなくらい鎌倉には妖怪らしきものは少ない。死霊や怨霊や幽霊が跋扈《ばっこ》する歴史性もあるのだろう。

北条高時は田楽狂いで有名であった。ある夜女官が、面白く騒ぐ高時の室をのぞいてみると、田楽の者と思われる舞手はだれもいず、「嘴《くちばし》かがまつて鵄《とび》のごとくなる者もあり。身に翅《つばさ》あつてその形山伏のごとくなるもあり。異類異形の媚物《ばけもの》どもが姿を人に変じたるにてぞありける。」（『太平記』）と。女官がみたものは、烏天狗のしわざであったという。

建長寺の奥に半僧坊大権現を祀る堂がある。明治二十三年に静岡県方広寺の鎮守である半僧坊権現を勧請し、建長寺の鎮守とした。その権現様のお供が天狗であったために、途中数体の天狗が立っている。半僧坊とは、半俗半僧のことで丈三m、面赤く、高鼻乱髪で、白衣をまとい、金色の袈裟を着て、木杖を持つ姿とされる。建長寺の山門が朽ちたときに、建長寺二百一世の万拙碩誼《ばんせつこうぎ》は、諸国に再建資金を勧進した。そのとき、谷奥に数百年棲んでいた古狸が、和尚に化けて勧進の旅に出た。ある日、駕籠《かご》に乗っていた和尚にむかって一匹の犬が吠えたて、ついには噛み殺してしまった。駕籠の中をみると金三十両、銭五貫二百文が残されていたという。天狗にせよ狸にせよ妖怪とはほど遠い。

建久年間のころ、御家人の工藤祐経邸に怪鳥が飛んできたという（『吾妻鏡』）。虎鶫《つぐみ》か何かであろう。鎌倉は怨嗟《えんさ》の声や人に憑依する噂が残らない。また、どこそこのトンネルは霊が出るとか、昔の骨塚付近で甲冑の音を聞いたとか、時々話には聞くが、鎌倉がそんな話で埋め尽くされているとは思われない。五百年の間に浄化されてしまったのか、市街に留まることはなかった。もし、鎌倉に海なくば、また小さな盆地ならば、負のスパイラルが常に渦巻いている古都となっていたかもしれない。鎌倉は「海」が宗教的な罪障消滅を担っていたともいえる。

参『妖怪学新考』（小学館）

よ 頼朝伊豆日記

平治の乱により配流となった、頼朝は配所伊豆国で二十年間過ごすことになる。『源平盛衰記』『曽我物語』などに、配所の頼朝の姿がかなり詳しく語られている。

①奥野の狩・相撲	②伊東祐親の娘八重とのロマンス
③文覚との出合い	④北条政子とのロマンス
④平家打倒の旗挙げ	

中でもドラマチックな説話が、頼朝の苦難時代の恋物語であり、『竹取物語』をはじめ物語の典型、貴種流離譚である。桜田治助が一七八四年に脚色した狂言『大商蛭小島《おおあきないひるがこじま》』がある。頼朝が北条氏の援護をうけて、平家打倒の旗を挙げる物語を骨子に、曽我兄弟の父河津三郎の最期を絡ませた筋は、古典作品を正しく踏まえたもので、とかく荒唐無稽な嫌いのあった顔見世狂言としては、珍しく秩序立った脚本である。歌舞伎の筋は複雑で一貫しないが、この説話自体が歌舞伎好みの体裁をとっているので、手を加える必要もなかったのであろう。

[第三幕三場] 頼朝の屋敷に政子、鎌田の娘がいる。東国大名が、源氏の旗挙げを支援する心を頼朝に伝える。平家への忠誠を誓う祐親の娘は、狂おしい嫉妬を押さえて夫(頼朝)のため政子に恋を譲る。ここで『黒髪』の長唄が入る。

黒髪の結ぼほれたる思いには、解けて寝た夜の枕とて、一人寝る夜の仇枕、袖は片敷く妻じゃというて。(二階にいる二人を思うと腹の立つこと。そっと手鏡で二階を伺う)

愚痴な女子の心も知らず、しんと更けたる鐘の声、夕べの夢の今朝覚めて、ゆかし懐かしやるせなや、つもると知らで積もる白雪（酒を茶碗につぎ、飲もうとする二階のことを思いだし、無性に腹立ち酒も飲まれぬ）

この長唄はことに有名で、歌詞が短く単調なので三味線の手ほどき用の曲とする。（「めりあす」という）しかし、単調すぎるため、いかに唄いこなすかは唄い手の技量による。京都の花街では、舞妓から芸妓になるとき（襟替え）、前後一ヶ月だけ座敷で舞うことのできる曲である。

参『源平闘諍録』〈九〜十二〉講談社学術文庫）

た 大仏（高徳院）

いまさら大仏の沿革を説明する必要もあるまい。かつては木造と銅造の二体があった。開山開基、建立年不祥。明治期外国に売却される予定であった。大仏に上れたこと。鎌倉の裏鬼門（西方）に大仏を建立した理由は不明。総高十三、三五m、重量百二十一t、阿弥陀如来座像（国宝）。

さて、祭日の観光客はほとんどが外国人。ある日ブラリと大仏様を参拝した。皆大仏に圧倒され、顔を見上げ感嘆する。御朱印をいただく者、胴内巡りをする者、茶屋でいっぷくする者、大仏殿の礎石の上で休む者。そんな観光客に一言二言ことばをかけてやりたいのは職業癖か。（そこでふと思った。江戸の戯作者に案内してもらおうと）

▼「なんと京の大仏様のお鼻の穴から、人が傘《からかさ》をさして出られるという事だが、看板のお鼻がその位なものだから、さぞお金玉はどのように大層なものであろう。あなたが座像で座ってばかりござるからよいが、あれが立ってお歩きなさる断になったら、あのお金玉が、じゃまになって、お拾ひ（徒歩で歩く）なさりにくからうから、大きな紙帳（紙製のかや）の中へでも、お金玉を入れて首にかけてでも、お歩きなされずばなるまい。わしも疝気《せんき》（腰腹の疼痛）で人並みより金玉が大きいから、普段袋に入れて首に掛けて歩きますが、さてさてこんなに邪魔物はない。しかし、俺にはまた調法なこともござります。この間も講中といっしょに勧化《くわんげ》（人に仏道の修行を進めて善におもむかせる

こと—寄付金）に出たとき、俺は首に掛けてある金玉を叩いて『おん—あぼぎゃあべいるしゃな』（光明真言の言葉。病平癒を祈る）と言って歩きました。」『箱根江ノ島鎌倉道中記』十返舎一九

※疝気は陰のう水腫のように陰のうが大きく膨れる病

▼「二人を肩車に乗せて川をザブザブと入る。『アアなんまいだなんまいだ、目が回るようだ』」『膝栗毛』十返舎一九

『なんまいだ』とは、阿弥陀仏の加護を求めて唱えることば（南無阿弥陀仏の略）。インドの国王だった者が王位を捨てて出家した。そして四十八の誓願をたてて修行を果たした。一切の人々を救い浄土に往生させたいということである。四十八願のうち十八願は特にたいせつで、阿弥陀仏を念ずれば極楽往生できるというもので十八日に縁日があることが多い。頼朝建立の永福寺に阿弥陀堂が建てられたように、当初は浄土信仰が主であった。そんな難しい講釈はよろしいので皆で「阿弥陀くじ」をやってオバマ大統領も食べたアイスクリームを買おう。

参『鎌倉大仏の謎』（吉川弘文館）

た

平重衡・景清

▼重衡《しげひら》は、清盛の五男で東大寺大仏を焼き払った人物である。のち、南都側の要求により、木津川で斬られた。重衡は一谷《いちのたに》の戦いで敗れ、梶原の家臣に捕らえられ鎌倉に護送された。なかなかの器量良しであり頼朝は手厚くもてなしたという。研究者の中には、あの事件は不可抗力であり、重衡の意図するところではなかったのではと擁護する者もいる。平家の総大将である兄宗盛とはまったく違ったようだ。

頼朝は、狩野宗茂に預け、その間徒然を慰めるために工藤祐経ら心くばりの者と、政子付きの女房千手前《せんじゅのまい》をつかわ

した。重衡は、管弦の遊びに興じ遊興の席での優雅な振る舞いを、頼朝は漏れ聞き、千手前をそのまま留め置かせた。千手前はやがて重衡に恋心を抱いたが、結局戦犯として南都へ渡されることとなった。その後、千手前は信濃善光寺へ赴き重衡の菩提を弔ったとも、病に伏し亡くなったともいわれる。教恩寺にある本尊阿弥陀如来像（運慶作）は重衡の帰依仏と伝える。

▼景清は、藤原忠清の子で平家の家人となったことにより平氏を名のった。伯父の大日坊を殺害したので「悪七兵衛」とよばれた。化粧坂近くに景清窟（牢）といわれる崩れかけたやぐらがある。平家が滅んだ後も頼朝を執拗に追い、一一九五年頼朝上洛のおり命を狙って捕らえられた。捕縛後も鎌倉の屋敷内で暴れまわり、手を焼いた家の者が土牢に取りこめた。最後は食を断って死んだという。

景清にはもうひとつ娘の人丸姫の伝説がある。父の景清に会いに行くも鎌倉に到着したときには父は亡くなっていた。娘は尼となり父の菩提を弔ったという。彼女の死後、土地の人が塚を築いて回向したという「人丸塚」が巽神《たつみ》社の東方にあったが、いま安養院境内に移された。柿本人麻呂と景清人丸姫との再会伝説が重なり神格化が進み人丸信仰が生まれるが、鎌倉ではそのような信仰はない。また、「火止まる」から火の用心、火除利益の信仰もここでは聞かない。

▼平盛久は平家の侍大将主馬《しゅめ》盛国の子。清水寺に等身大の千手観音を奉納し、千日詣を行っていたところ北条時政に捕らわれ鎌倉へ護送された。由比が浜にて斬刑されることになったが、首を打った太刀は折れて命は助かった。これは観音のご利益による奇瑞ということで赦免された。「盛久頸《くび》ノ座」が由比が浜通りにある。

参『源平盛衰記』巻三九　『長門本平家物語』

れ 霊道

若宮大路は、幅三十三m、側溝幅三m、深さ一、二m、全長一、八㎞（三の鳥居まで四百六十m）、南端は道幅九m、北端は六m、また、八幡宮前は海抜十m、砂丘の辺りが八mであった。大路の中程に段葛といって置石が敷かれた。インフラの中でも道路整備と水源確保が幕府にとって重要課題となった。若宮とは、本宮の祭神を他の土地に移し新たに勧請して祀った社で、多く怨霊とかかわる。今宮（新宮）も同じである。八幡宮の北にある今宮も、後鳥羽上皇の怨霊を慰撫するために創建したもの。非業の死を遂げた者が祟りをなさぬように、死者の魂を慰霊して、その祟りを封じ込める措置が講じられていた。そして、封じ込めたけがれや霊を若宮大路から海へむかって流す道が霊道であった。段葛が海へむかって幅が広くなるのも、溜まった怨霊を通りやすくするためであった。江戸時代の挿絵などを見ると、馬や人々は段葛の上を利用していない。聖なる道、霊道として特殊な役割をもっていた。もともと鶴岡八幡宮は、祈祷寺としての役目を担っていた。

特に御霊を祀る神社の本堂は、東向きまたは南向きに建てられている。本堂と海・川までがL字形の地形の場合、溜まった不浄なものや怨霊などを流すことができない。本堂から海川までの参道は直道でなければならない。例えば、小動神社（八王子宮）は本堂正面に第六天社という魔王が祀ってある。京都八坂神社（祇園社）も南門から延びる道が本来の参道である。四、五十m行くと菊渓川《きくたに》（今は暗渠《あんきょ》）が流れそこに牛王地社というかなり強い神が祀ってあった。つまり、本堂正面に別の強い社を置き、一時そこに霊を留めて海や川に流すのである。小動神社の場合は相模湾へ、八坂神社の場合は鴨川へそれぞれ流す。坂の下にある御霊神社も海に面して建っている。今は、人家があるため海は臨めないが、平安期のころは参道が浜まで続いていたであろう。本堂に溜まるとは、怨霊、疫病、物の怪など穢となるものをさす。穢を制する、より強い神をもって祓う必要があった。このように寺社は穢の吸引や浄化装置として働いてきた。

市内に残る数ヶ所の八雲神社は、すべて祭神須佐男命、天王社（牛頭天王）勧請であるが、このような強い神を祀りさて参道はというと、今となってははっきりしない社もある。（『八雲たつ』の項参）

参『頼朝の精神史』（講談社選書メチエ）

❹ 漱石と帰源院

『徒然草』の中に、東国人が「京都の人は返事ばかりよくて誠実味がない」といったのを、三浦の某堯連《ぎょうれん》が「すべて心が柔和で人情が厚いから、人が口に出して頼むようなことは、はっきりと断ることができにくくて、何ごとも言い切れず、気が弱くつい承諾してしまう。嘘をつこうとは思わないが、貧しく、不如意の人ばかりなので、本当の気持ちが伝わらないことが多い。」と弁護している。芸人の松本人志氏が「京都は日本で一番意地悪な県民」といっていたが、これも京都の文化なのである。漱石が、祇園の芸妓磯田多佳と北野天神へのデートの約束をしたが、当日多佳女が来なかった。漱石はさっそく手紙を認《したた》める。「当日御前は他の人と宇治へ行ったこと。嘘をつくな。無責任なことをするな」となじる。漱石が誘ったときに、多佳女に「おおきに」といわれたことを、「行きます」と解釈した。「おおきに」は決して承諾とは限らない。

そんな漱石は、円覚寺の「帰源院」に参禅をしたことがある。このことを経験にのち三部作のひとつとなる『門』を執筆する。小説の中では「一窓庵」となっている。ここと相対する「松嶺院《しょうれい》」は近代文学に多大な影響を及ぼした。臨済禅は老師から「公案」といって修行者に課する試問を与え、それを四六時中考え自分なりの解答を引出す。曹洞禅は「只管打坐《しかんたざ》」〈ただひたすら座禅をする〉を指針とする。悩める者は座禅などせぬ方がよい。何の解決も見つからず、気休め、不安の寝返りでしかない。漱石にとって参禅は失敗に終わった。そもそも年末年始に参禅することも非常識ではないか。主人公の宗助は妻に寺から手紙を書き投函し、しかも妻とは、親友の妻であり略奪愛である。こんなふざけた参禅はない。また、初心者に対して「父母未生以前本来の面目」という公案もフィクションであり難解すぎる。筆名（漱石）のように、臍曲がりで社会の流れに適応しにくく、人の意見に耳をかさず、反対されると逆のことをしてしまう性格が災いしているのかもしれない。晩年の「則天去私」とは文芸の立場をいったものである。

仏性は白き桔梗にこそあらめ「帰源院の句碑」

春の川隔てて男女哉　「鴨川にかかる橋の句碑」

参『夏目漱石と帰源院』（鎌倉漱石の会）

ⓣ 鶴岡八幡宮

源頼義が、奥州合戦のとき鎌倉の由比の郷に立ち寄り、一〇六三年八月に勅許なしに石清水八幡宮の分霊を勧請して建立した。今の元八幡（由比の若宮）である。その後一〇八一年、子の義家は当社に参詣し、社殿を修復した。一一八〇年、頼朝は鎌倉に入ると今の小林郷北山（大臣山麓）に遷座した。一一九一年三月、火災に遭い灰燼《かいじん》に帰す。四月、若宮の上の地に八幡宮を営作する（現在の場所にある八幡宮）。新たに石清水八幡宮より勧請し、十一月鶴岡、若宮、末寺等の遷宮。国宝石清水八幡宮と比べると、規模は劣るが、関東然として鎌倉武士独特の雰囲気が伝わってくる。

三の鳥居をくぐると放生池（通称源平池）がある。かつて島が八つあった。三は源氏の産に四は平家の死にそれぞれ通ずるというのは俗説。六十一段の石段を上ると本殿がある。大臣山の一部を削り今の社を新築した。ここには古くから地主神が祀られてあり、それを本殿左下に移築したのが、朱塗りの丸山稲荷である。一間社流見世棚造《いっけんしゃながれみせだなつくり》といわれる形式。見世棚とは、供物を供える台のことで、先端が反り返る跳高欄が特徴。本殿左右の回廊の南東にある隅の部屋は「座不冷ノ壇所《ざさまさずノだんしょ》」といって、一年間不眠不休で国家の安穏の成就のため不断の勧行を勤めた場所。九月の例大祭で流鏑馬神事が行われる馬場の公衆トイレ前にある巨石を「よじべえ石」という。かつて、飯島の西沖には漁師の綱が切れたり、泳いでいた子供が引き込まれたりする場所があった。関東大震災のときに、海底が隆起して畳三畳敷の巨石が海底に沈んでいるのを発見した。周囲は砂がえぐられ深い水尾（澪）を作っていたようで、これが原因とわかった。これに似た話が、御霊神社の境内にも残る。二mほどの尖った巨石で、一七九一年に由比ガ浜の海中から引き上げたという。以前は、村人が溺死する事故が多かった。この巨石をご神体として石上神社として祀った。毎年七月、海神《わだつみ》を鎮魂し、遭難者の霊を慰めるために、御供《ごくう》流しと呼ばれる神事を行っている。いずれの巨石も和賀江島築港の遺石であったのかもしれない。

楼門の上の額は、よく見ると八の文字が二羽の鳩が向かい合っている絵文字となっている。鳩は八幡神の使いであるためだ。また、鳩の紋所を使用した最初の武将が、熊谷次郎直実といわれる。鳩の形と言えば、豊島屋の鳩サブレーであろう。八幡太郎（義家）、三浦荒次郎（義澄）、鳩三郎というしゃれが隠されている。

参『鶴岡八幡宮寺』（有隣新書）『八幡神の正体』（彩流社）

つ 徒然草

兼好法師は鎌倉と関係深い人物で、『徒然草』には鎌倉に関する話が十編近く載っている。よく知られている話が北条時頼に関する話であろう。

安達景盛―義景―**泰盛**（185）
　　　　　　└**松下禅尼**（184）
〈北条氏〉
義時―泰時―時氏＝**時頼**（184・215・216）
時房―朝直―**宣時**（215）

□は『徒然草』に登場する人物
数字は『徒然草』の段章

松下禅尼は子の時頼を家に招待なさることがあった。すすけた明かり障子の破れたところだけを、自ら小刀で切り修繕した。兼好は「世を治める道は、倹約が本である。天下を統治するほどの優れた人を子として持たれるのは、普通の人ではない」と述べている。

兼好法師の生きているころは偽政者は贅沢三昧をして政《まつりごと》を顧みなかった。この話は幕府への批判ともとれる。倹約を旨とする話《こと》は頼朝の時代からあったが、京文化が流入してくると御家人たちも貴族文化に憧れ贅沢をし始める。武士の本分を弁《わきま》えよということか。ある夜、時頼は宣時《のぶとき》を呼んで酒をともに飲むことなった。宣時に肴《さかな》を探すように命じる。台所から土器《かわらけ》に味噌が少しついているのを見つけ、これで結構と二人で酒を飲んだという。「その世にはかくこそ侍りしか」（このように質素なことだった）と兼好は結んでいる。あるいは「深秘《じんぴ》ノ御沙汰」（北条氏の身内だけで政策を図る）を、暗示しているようにもとれる。

さて、松下は、安達氏の屋敷「松谷別荘」があった場所で、今の佐助一丁目あたりである。一二八五年ごろ泰盛が「松か上（谷）」に住んでいる。また「松下」もあり、松ケ谷の下に住まいする禅尼で「まつのした」と読むべきであろう。

足利織物はつとに有名だが、時頼は足利義氏（義理の叔父）に「足利の染物、心もとなく候ふ」と毎年心待ちにしていることが書かれている。人間くさい一面もかいま見る。

作者は、長期間金沢に滞在している。金沢貞顕（十五代執権）の時代で、大仏貞直（宣時の孫）の家の歌会にも参加している。『兼好家歌』に「武蔵国金沢といふ所に昔住みし家」とありまた「古里の浅茅《あさじ》が庭」と呼んでいる。作者にとって鎌倉は第二の故郷であったのだろう。「心の色〈優しさ〉なく情けおくれ〈乏しく〉、ひとへにすくよかなる〈剛直でぶっきらぼう〉者なれば、初めより否といひて止みぬ。にぎはひ〈富み栄えて〉豊かなれ」と、無骨な坂東人の特徴をよく言い表しているのも東国住まいの体験から出た率直な思いであろう。

参　『安達泰盛と鎌倉幕府』（有隣堂）

ね　念ずるしか……

「弥陀の名号を念ずる」「如来の救世を念ずる」「清水の観音を念じ」などという使い方をする。病になると薬師《くすし》を呼んで治療するが、薬草を煎じて飲ませるもあとは祈祷僧が加持祈祷をする。

ＷＨＯの紋章は杖に蛇が巻き付いている図柄である。新型コロナウイルスの報道でよくみかけたとおもう。アスクレピオスの杖といって、ギリシャ神話の英雄で医術の象徴となった。死者の蘇生の神としてすぐれた能力をもっていたが、ゼウスにより殺される。やがて蛇使い座の星に変身した。娘のヒュギエイアは、健康の守護神であったため衛生学の語源となる。日本には薬師信仰がある。薬師瑠璃光如来。別名医王。梵語で、バイシャジュヤグル・バイドゥールヤプラバージャ。如来で手に持ち物（薬壷）をもつのは薬師だけである。この如来は、病平癒だけではなくあらゆるご利益があり、戦勝祈願のために薬師仏を彫ることもある。競馬が大当たりするようにと願えば当たり、受験に合格したいと願えば受かるという。オールマイティな仏様である。災い、疫、難を逃れ、死相が現れた病人が閻魔大王の前にひざまづくときでも、『七仏本願功徳経』を読経すれば病人は意識を取り戻し再生することができるという。病平癒のほか、呪詛《じゅそ》を封じ、災害、反逆から護ってくれる薬師如来は頼りになった。大倉薬師堂（覚園寺）、辻の薬師堂、海蔵寺の薬師堂が有名だが、頼朝も観音とともに薬師仏を崇拝し永福寺に薬師堂を建立した。

鎌倉は仏像だけではなく病院も施設として残っている。極楽寺忍性が、桑ケ谷療養所を長谷に開き、悲田院や施薬院も極楽寺の敷地内に立てた。時代は下るが、光明寺にある千手院や蓮乗院の門、龍ノ口輪番寺の一宇東漸寺《とうぜんじ》の門は薬医門とよび医者の家の門である。室町から江戸のころのものと伝える。また鎌倉末に梶原性全《しょうぜん》が医学書『頓医《とんい》抄』（全五十巻）を著している。当時第一級の医学書で、とくに内臓図は同時代の西洋のものよりはるかに高度なものであった。

参『鎌倉時代医学史の研究』（吉川弘文館）

な 長っ！

日本で長い苗字は「勘解由小路《かでのこうじ》」音の長いもので「とうじょうべっぷ」「しんたにかきうち」の八音がある。「井」「紀」に比べると実に長い。「長宗我部」「大豆生田」（二十二通りの訓）のように四文字は時々みかけるが、難読四文字に「四十八願」と書いて「よいなら」と訓む苗字もいる。中には本当であろうかと首をひねる苗字が「木曽木野小路 藤九郎左右衛兵衛」(青森県)、「平平平平 臍下珍内春寒風衛門」(栃木県)『姓名の研究』(荒木良雄) のなかで実在を報告している。

鎌倉の寺院にも「飯盛山寛喜寺明王院五大堂」「金龍山釈満院円頓《えんとん》宝戒寺」、大仏様の正式名は「大異山高徳院清浄泉寺」祐天中興のとき一時「獅子吼《ししく》山」と改めた。長いと何やらご利益も大きそうだ。禅僧が著した書物の中に高峰顕日の行状記『前住相模州巨福山建長興国禅寺勅諡仏国応供広済国師行録』(ぜんじゅうさがみしゅうこふくさんけんちょうこうこくぜんじ ちょくしぶっこくおうぐこうさいこくしあんろく)(二十六字)。ありがた〜い書物に感じる。後深草天皇の中宮が、法然の弟子乗願房に死者の追善供養には何が一番利益が多いかと尋ねた。すると乗願房は「不空羂索毘盧遮那《けんさくびるしゃな》仏大灌頂光明真言経」「一切如来心秘密全身舎利宝篋印《ほうきょういん》陀羅尼経」の計三十五字の長〜い経を申し上げた話が『徒然草』に載る。

史跡に「釈迦堂口トンネル上尾根やぐら群」。霊場や巡拝にも「鎌倉地蔵尊二十四所巡拝」「坂東三十三箇《か》所観音霊場」など、単に「霊場巡り」といわれるより「行かねばならぬ」と決心させられそうだ。東勝寺橋の近くに「レジンプトリスチン修道院」と称する教会が建つ。中で修道女がクッキーを作って販売しているが、この教会も長く言いにくい。このあたりに来ると人通りもまばらとなり、往時の鎌倉をかいま見ることのできるエリアである。坂を直進すると腹切りやぐらとなり、橋をわたり右折すると祇園山トンネルを抜けて大宝寺へと向かう。トンネルの入り口から鶴岡八幡宮の本殿がみえる。

な 七重八重

太田道灌《どうかん》が狩の途中雨に降られ、農家に住む娘に蓑を乞うた。そのとき娘は一枝の山吹の花を差し出すと、娘のふるまいに怒った道灌は帰ってしまう。東京墨田区神田川沿いに「山吹之里碑」が建つ。（新宿区山吹町の説もある。）英勝寺は太田道灌屋敷跡と伝える。上杉定正の重臣で江戸城の新築に着手し本拠とした。しかし定正のねたみを買い伊勢原市糟屋で謀殺される。道灌四代目の康資の娘は、徳川家康の側室となり「お梶」と名乗った。関ヶ原では騎馬で家康に従い、合戦の勝利にちなんで「お勝」と改名された。寿福寺道路脇にお勝の方が架けたといわれる「勝の橋」の碑がたつ。家康の死後出家して英勝院と名のる。のち、徳川頼房（光圀の父）の娘を開山住持に迎え一六三六年英勝寺となる。以来、水戸家の姫君が住持となり「水戸家ノ御殿」と称された。光圀は一六八五年に『新編鎌倉志』（地誌）を編纂するために、本寺に七日間滞在した。まさに漫遊記である。この地誌を作成するため村人が語ることでも、けっして馬鹿にしたり批判したりしてはいない。できた人である。

さて、道灌は山吹の件を重臣に話すと「七重八重花は咲けども山吹のみのひとつだに無きぞ悲しき」の意味であることを諭され、己の教養のなさに恥じ入り以後和歌をよく学んだという。この事件があって道灌は家紋を山吹紋とした。寺の門扉には三つ葉葵紋の中央に桔梗紋があしらわれている。背後の山は源氏山（旗立山）で一部寺の墓地となっている。ここに「太田道灌ノ供養塔」（一八二六年）が建つ。

一四五七年、古河公方に対抗するための拠点として江戸城を築城する。江戸期の城と位置的には変わりないといわれる。子城、中城、外城の三つからなり、北の丸公園から近年空堀の断層が出土した。道灌死後も、徳川家と因縁浅からぬ関係が続くのは歴史の妙か。

参『江戸の懐古』〈二四～三二〉（講談社学術文庫）

な **七不思議**

七つ道具のように「七」は一組にして揃えた様々なものや事柄をいうが、七は切の原字らしい。また、七は聖数でもあり、七観音、七福神、北斗七星など信仰の対象となる。十王思想から回忌を七の倍数でとらえるものもある。○○三羽鳥と○○四天王とを加えると七になるが、七は座りがよく切の良い数字なのであろう。鎌倉にも、七切通し、谷七郷、武蔵七党、鎌倉七座、七瀬の祓いなどなど七にまつわる名数が多い。玉舟和尚の『鎌倉記』には、七水（鎌倉十井）、七谷などを載せる。これという定説はないが鎌倉七不思議がある。幕末のころの落首に「四二町が七里ケ浜、袖ものうても袖ケ浦、一つのものを塔の辻、人も言はぬに由比が浜、材木なくても材木座、雪も降らぬに雪の下、寺領社領がたくさんで一文のうても八幡領」。七不思議というより酒落尽くしである。

仏教で言う不可思議七種を天然自然のうちに求めて、それらに総括的名称を与えたのが七不思議である。神事、行事の秘密や高僧の遺跡などから魔訶不思議の縁起を生じ、それに天然自然物に対する非科学的観察を加えて「不思議」と称した。そして、怪異的説話、霊的な魑魅魍魎《ちみもうりょう》などが加わり伝承されていった。特に大寺院となると寺の中で七不思議がある。また、動物、地蔵、地縁にまつわる七不思議もある。鎌倉の不思議は八十をくだらない。定番を挙げると、

●六方の井と蛇苦止井との中に竜が棲み、それぞれの井戸を行き来している（『井戸と橋』の項参）
●陣出の泣き塔は動かすと祟りがあるといわれ旧国鉄の敷地内に立つ。元弘の乱で討たれた武士たちの霊を弔った石塔。（『魔の鎌倉』の項参）
●喚《わめ》き十王岩の下は地獄谷といわれ、多くの死者を葬った場所である。夜な夜な死者の無念な泣き声が聞こえるという。

●安国論寺の法窟水は雨降りの前日は干上がってしまうという。（『寺』の項参）

●明治の頃衣張山の麓から石棺が出てきたが、中にかび臭い書物がびっしりと入っていた。後日、発見者と探しに行く予定であったが、本人が急死して今もなぞのまま。（『山』の項参）

●青蓮寺の本尊鎖大師は夜な夜な出歩くそうな。（『井筒橘紋』の項参）

●東勝寺跡地から元弘の乱で死んだ北条氏一族の首が出てきたが、胴体は出てこなかった。

参『鎌倉歴史とふしぎを歩く』（実業之日本社）

ら 来迎寺

西御門にある寺は、山号満光山、開山は一向上人、本尊阿弥陀如来座像、一二九三年創建。材木座にある寺は、山号随我山、開山は音阿、本尊阿弥陀三尊像。元真言宗、能蔵寺。一一九四年に頼朝が三浦義明の菩提を弔うために創建。宗派（時宗）も同じ創建年も同時代で百年の差しかなく分かりにくい。

▼西御門は①木造地蔵菩薩座像（一三八三）。②木造如意輪観音半跏《はんか》像（南北朝時代）。③同じく木造跋陀波羅《ばつだばら》尊者像。多くの客仏は、この辺りにはいくつかの廃寺跡が確認され、火災から逃れた仏像が来迎寺に預けられたのであろう。①は、報恩寺（廃寺）の本尊、②は、源頼朝の法華堂の本尊。衣文に土紋装飾がほどこされている。鎌倉室町期の特徴でこれは鎌倉の地にしか例がない（七体と断片）。体内には染屋太郎時忠の女《むすめ》の遺骨が納めてあるという。③は、報恩寺にあったもの。

▼材木座は、時宗に改宗したのは一三三五年だが、境内に三浦義明と孫の重春の五輪塔があり、本堂の裏手には多

数の一族の五輪塔が並んでいる。また、御朱印帳に「相州鎌倉材木座三浦大介百六つ来迎寺」の印を押す。頼朝が義明の十七回忌法要のおり、生きていれば今は百六歳になっていたと義明に語りかけたという故事からという。(『鎌倉伊呂波のはじめに』参)それぞれ明るく開けている地に建立されているので、小宇ながらも圧迫感はない。

寺院ではないが、諏訪神社(二社)、御霊神社(三社)、八雲神社(四社)、熊野神社(六社)など同名の神社は多い。これらの共通することは、厄払いや悪霊退散などの霊験があるといわれ、村ごとに建てられることが特徴である。市内の寺院では来迎寺だけが、同宗派であっても、開山や開基によって建立の理由がそれぞれ異なるため期せずして同名となった。※山崎所在「妙法寺」は、昭和三年山梨県から移建。(『利益』の項参)

参『相模三浦一族とその周辺史』(新人物往来社)

ら 蘭渓道隆

鎌倉時代、幕府の要請もあり、多くの渡来僧が臨済禅を広めていった。仏教界の過渡期であり、浄土教からの脱却を模索していた武士たちは、禅という新しい息吹に触れた。

また、文化的な面において貴族に劣等感をもち、独自の文化の確立や精神と武家様が必要であった。禅は武士独自の自力更生の精神性とうまく適合した。栄西以降正しい禅を導く僧がいなかったので、幕府は中国僧を招聘《しょうへい》した。一二四六年に博多に来朝したのが、蘭渓道隆《らんけいどうりゅう》である。翌年、京都、鎌倉に下り、寿福寺に寄り時頼に会う。時頼は、浄土宗常楽寺を禅宗に改め道隆を開山とした。一二五三年、建長寺を創建しその開山に迎えた。在京三年ののち時宗《ときむね》の請いにより再興した禅興寺(廃寺)の開山となる。また、時頼は建長寺の西に一宇を建立し、道隆を戒師として最明寺入道と名のる。時に三十歳。最明寺は現在の明月院附近で時頼死後廃寺となる。

金沢街道に面して大蔵山観音院杉本寺がある。本尊の十一面観音は、覆面観音または下馬観音と呼ばれ、門前を下馬せず通り過ぎると必ず落馬してしまうので、道隆は参籠《さんろう》祈願し自らの袈裟で本尊を覆うと、以来落馬する者がいなくなったという。

一時甲斐国に配流されたが、鎌倉に戻り一二七八年六六歳で入滅する。塔所を西来庵という。以後、多くの渡来僧が日本で寺を開き住職となっている。北鎌倉は禅宗のメッカとなり中国語が飛び交う国際都市であった。

主な渡来僧	来日期間	関連寺院
一山一寧	一二九九～一三一七	建長寺・円覚寺・浄智寺
大休正念	一二六九～八九	禅興寺・建長寺・寿福寺・円覚寺
無学祖元	一二七九～八六	建長寺・円覚寺〈開山〉
兀庵普寧	一二六〇～六五	建長寺・※浄智寺
清拙正澄《せいせつしょうちょう》	一三二六～一三三八	建長寺・浄智寺・円覚寺

鎌倉時代に多くの新仏教が芽生えたが、根付くには室町時代まで待たねばならなかった。しかし、一過性の新興宗教ではなかったことは、京都に今日一六六〇の寺院があることでもわかる。
※浄智寺は、開山祖（普寧）↑請待開山（正念）↑準開山〈実質開山〉（南洲宏海）

㋰ 蒙古高句麗

元寇のとき、蒙古と高句麗の連合軍が博多に襲来したさい、「蒙古高句麗《むくりこくり》の鬼が来る」といって恐れたことから、子供を泣き止ませるときに言った風習から、恐ろしいもののたとえ、無理非道なことをいう。元寇を文永・弘安の役ともいう。一二七四年、一二八一年の二度にわたる蒙古軍の侵攻事件。二度とも暴風雨のため元軍は退去した。一二七五年、フビライは通交を求める使者を派遣したが、幕府はこれを拒否した。正使、副正使者、通訳ら五人を鎌倉に護送し、竜の口刑場で斬首にした。常立寺に元使塚供養塔（五輪塔）がある。もと真言宗回向山利生寺。山号は、処刑された者を葬ったことからの命名。誰姿森《たがすがもり》とよぶ古塚があり、いつのころからか「元使塚」と伝えられた供養塔が建てられた。

元の使者を断固たる決意を示して斬った幕府は、「使者は斬らず」の国際ルールを知らない政治暗愚であった。元の国書に「国交を結ぶにあたって兵力は使いたくない」という武士の感情を逆なでするような文言がプライドを傷つけたようだ。幕末の対米関係や攘夷に似たやりとりと重なり合う。第二次遠征軍は、東路軍四万二千、江南軍十万が二手に分かれ来襲した。このときに起きた風を神風というが、第二次大戦の航空機による特攻隊はシンプウと呼ぶのが正しいそうだ。

円覚寺の前を鎌倉道が通っているが、その脇に馬道という小道がある。かつてはこれが一般の通行路であった。石垣の積まれた土堤となっているが、元冠に備えた防塁の石築地と同じ造り方だという。円覚寺開山、無学祖元（仏光国師）は宋国能仁寺にいたとき、蒙古軍が寺に乱入し、一人堂内にとどまっていた祖元に刀を突き付け迫った。祖元は、泰然自若として一偈《いちげ》（仏徳を賛嘆し教理を述べたもの）を示して説いたので、元の兵士はこれに感じて危害を加えず立ち去ったという。南北朝時代になるとあちこちに石塔が建つが、箱根にある伝曽我兄弟の墓も永仁

（一二九三～九九）の元号があるので、本来は元寇の合戦で亡くなった人々の供養塔であろう。箱根は兄弟と縁が深いので後世兄弟の墓と称されたのかもしれない。

参『蒙古襲来』（教育社歴史新書）

う 宇都宮辻子稲荷社

幕府の地は三度変わり、

①一一八〇～一二二五…四五年間大倉幕府
②一二二五～三六………十一年間宇都宮辻子幕府
③一二三六～一三三三…九七年間若宮大路幕府

②と③とは同じ場所であったらしい。幕府草創期の重鎮たちは死に、また将軍の墓が見下ろす地に政庁が置かれるのはよろしくないということで、②へ移転した。北条泰時のころである。ところが、土公神を祀ることを怠ったためか、怪異現象が頻繁におきたというが、幕府がはたして地鎮祭を適当に済ませるだろうか。ここはかつて御家人の宇都宮朝綱の邸宅跡で、宇都宮稲荷神社がある。朝綱が宇都宮大明神（二荒山《ふたらやま》神社）の分霊を祀ったと伝える。二荒山神社は宇都宮氏の氏神であり、始祖の僧宗円が社務職を得ている。祭神は豊城入彦命《とよきいりひこのみこと》、事代主命《ことしろぬしのみこと》、大己貴命《おおなむちのみこと》、建御名方命《たけみなかたのみこと》の四神。ではなぜ御所跡に稲荷神なのか。鳥居脇の説明によれば、幕府の守護神として敷地内に祀ったという。

一二二七　内裏火災。以後再建されず。幕府、竈《かまど》が音をたてる。
一二三一　落雷、突風、地震。将軍頼経、病。
一二三〇　白鷺、黒鳥が死ぬ。犬が畳の上に糞をする。
一二三三　幕府に鼠が入る。
一二三五　京都に天然痘蔓延。

このように、不吉で奇怪な事件がたびたび起きる。そこで一二三六年、幕府を③に移転する。後になるが、鶴岡八幡宮境内四方に、稲荷社が祀られてた（築山・紅葉・東・丸山〈地主神〉）。稲荷神は日本国、内裏、幕府の守護神とし、利益をもたらす説話も多い。

一三三三年、新田軍が鎌倉攻めのとき、紅蓮の炎の中で幕府は焼け落ちた。宇都宮稲荷社は小さいが、何か社の奥まで人を近づけさせないような雰囲気がある。死者の霊を手厚く葬る社や祠は地域住民にとって絶対的なタブー感がある。稲荷社の奥で遊んでいた子供を、女性だろうか注意していたのを目撃したことがある。鎮魂の場所なのかもしれない。

参『中世都市鎌倉の風景』（吉川弘文館）

❸盂蘭盆会

夏の行事に夏越し祭、茅の輪くぐり、行合祭（小動神社と江ノ島八坂神社の合同祭）がある。いずれも御霊《みたま》を祀る行事である。御霊会《ごりょうえ》からきている祭もあるが、お盆の「うらぼんえ」は、もともと霊魂の祭祀であり、収穫祭でもあった。イラン語のｕｒｖａｎ（ウルバン）が語源ともいわれる。推古十四年（六〇六）七月十五日に斎会があり、六〇八年には京都市内の寺社で講じ祖先を供養したのに始まる。鎌倉時代には、空海が伝えたという施餓鬼の法が各宗派に取り入れられ、施餓鬼会となっていく。現在、真宗以外の各宗で広く行われる。新亡の精霊《しょうりょう》や無縁の精霊にも飲食を施さないと、村落や家が安心できないという思いからである。戦争や天災などの不慮の死者が出たときに随時修された。

また、時宗の「念仏躍《おどり》」は盆踊りのルーツである。先祖を慰め死者の世界にふたたび送り返すことを目的とした。建長寺で、七月十五日朝八時、山門に四、五十名の僧侶が集い施餓鬼会《せがきえ》が行われる。開山の蘭渓道隆が、施餓鬼会が終わった直後、一人の武者が現れて法要の終わったことを知り、帰ろうとした。道隆は気の毒に思い、武者を呼び戻し今一度経をあげた。武者は感謝して「我は梶原景時の亡霊である」といって姿を消した。寺では、施餓鬼会が終わったあと、再びこれを行う。梶原施餓鬼会という。

「讒言《ざんげん》景時」といわれ、頼朝の死後まもなく追放殺害された。しかし、官吏としては有能で頼朝の懐刀《ふところがたな》として誠実に働いた。景時屋敷跡に梶原井戸が残るが恨みの声が聞こえるようだ。一二〇九年五月二十日に、日ごろ幕府内に怪異等があり、これは梶原景時の怨霊であろうということで、景時と一族の亡卒のために法華堂にて仏事を修したという。(『吾妻鏡』)梶原施餓鬼会はこんなところから始まっているのかもしれない。

参『先祖の話』〈柳田国男集十〉(筑摩書房)

㋹ 井筒橘紋

日蓮宗寺院は多くこの紋所を寺紋として使用している。井伊氏の伝えに、祖先の藤原良門(兄の良房は摂関家の祖)の後胤に共保という人がいた。彼は、井中より現れた化人で、その時井桁に橘の実一つあったので、これを瑞祥して家紋にした。日蓮は『本尊問答抄』に「東条郷片海の海人《あま》の子なり」などの記述がある。実は父貫名《ぬきな》重忠は井伊氏の流れをくみ、重忠の父重真までは武士の身分であった。重忠は武士を捨て漁師となった。日蓮は、確かに漁師の子ではあるが、出自を隠したのは何か思うところがあったのかもしれない。大名井伊家は○に橘、日蓮宗は井に橘である。昔は、○形の枠を井筒、井の枠を井桁とよんだ。後世、混乱がおきて、井形を井筒、#形を井桁と称した。

誕生寺（鴨川市小湊）には、日蓮誕生の日に不思議な出来事が起こった。青蓮華が咲き乱れた蓮華ケ淵。清水が沸き出した誕生井戸。鯛が群れをなし集まったこと。これを日蓮の三奇瑞という。藤原共保誕生と似た伝説である。

また、青蓮華譚は、鎖大師として有名な青蓮寺（真言宗）にも伝わる。弘法大師が飯盛山で護摩焚をし、その結願の日に天女が現れ、一粒の骨を大師に渡した。大師は骨を袋に納め一夜を明かした。翌日、目を覚ますと、目の前に池が現れ青色の蓮華の花が咲き誇り、香りがあたり一面に漂っていた。この池の底は江ノ島まで続いているといい伝える。（青蓮華とは仏の眼のこと）開祖日蓮が井伊氏と同祖である関係から、井伊氏の家紋をそのまま用いたことになる。

寺紋の由来はいろいろだが、時宗（一遍―折敷《おしき》に三文字）、浄土宗（法然―杏葉《ぎょうよう》紋）、曹洞宗（道元―竜胆車）など開祖の在家のときの紋を用いた。開基の紋所を用いたのが、建長寺、円覚寺の三鱗紋、浄妙寺の二つ引両紋。これは、領内に権威を示すため北条氏や足利氏が政治的に寺院建築を据えさせた。その他、教義を織り込んでいるもの（輪違い紋）、呪術要素から（卍・巴）、下賜された場合（桐紋）などがある。

必ずしも井桁・井筒紋を使用しているとは限らないが、苗字に井の付く家では紋章の輪郭などにも用いている。井上、井沢、井野、井出、井口……など。

掘削して掘り当てる井戸のほか、わき水、泉なども広く井戸とよんだ。鎌倉五名水や十井など生活水の確保が必要

となる。そんな場所に、水の管理者がいたのかもしれない。（次項参）

⓫ 井戸と橋

「棟立の井、瓶《つるべ》の井、甘露の井、鉄《くろがね》の井、泉の井、扇の井、底脱《そこぬけ》の井、星の井、銚子(石)の井、六角(矢の根)の井」（十井）
「琵琶橋、筋違《すじかえ》橋、勝の橋、裁許（西行）橋、針磨《はりすり》（我入道）橋、夷堂《えびすどう》橋、逆川《さかがわ》橋、乱《みだれ》橋、十王堂橋」（十橋）

『鎌倉十井《じっせい》十橋』

十井↓水の悪い鎌倉の井戸の中で、最も美味しくまた伝説が残る十の井戸。

十橋↓鎌倉にある数本の川に架かる橋のうち、古くから重要な交通路であった橋や、伝説の伝わる橋。

いずれも江戸時代の観光用に作られたもの。他に五名水。

●井戸は冥界・異界への出入り口である。橋は、現実世界と霊界とを架設する霊媒的な存在であった。陰陽師が、祈祷を橋のたもとで行うのはこのためである。鶴岡八幡宮に架かる赤橋も聖と賤との結界を意味した。また、井戸の中に入れる呪具「鏡」は、水神を鎮める呪力があると信じられていた。名水や井戸が聖地の中心に置かれ、それらは地続きとなっていると考えられた。これらは多く境（山側）にある。星の井（極楽寺坂）、六角の井（小坪）、銚子の井（名越）、太刀洗い水（朝比奈）はそれぞれ鎌倉四境にあり、四角四境祭が行われた場所とほぼ一致する。当時は神事のためにも使用されていたであろう。怨霊封じの秘鍵の一つは水脈との関わりがある。悪霊退散儀式を行った呪術場所が御井神《みいのかみ》であった。

井戸には、霊的な存在がおり、聖なる水が管理されているという信仰が強かった。名越にある「日蓮の乞水」は、杖でたたいて聖なる水を涌出《ゆうすい》させた奇跡譚である。魂呼びは、臨終に際して死者の名を井戸の中を覗きこんで呼ぶ行為で、井戸を通って霊魂が死者の世界に赴くと考えた信仰である。一方では、死霊がこの世に戻ってくるための道を作るため（霊道）であった。井水の飲料水という必須の存在を前提として、聖なる水の浄化作用に対する信仰心が成立していく。また、洞窟（江ノ島、銭洗い）や、穴（十六の井、円久寺）と軸を一つにする井戸の形が、現世と他界の境界にあたることから、井戸の持つ独自の空間に霊的なものの存在を認め、井戸に纏《まつ》わる民俗信仰が生まれていった。（『☆』の項参）

●向こう岸へ渡るための橋は、現世から別の世界に移行する通路として、境界に位置する空間と認識された。橋のたもとで水神の加護を必要とした。水神を祀る巫女の心象が「橋姫伝説」を生み出していった。橋が、あの世とこの世の境にあたる部分として意識されていたことは、橋のたもとに亡霊が現れる伝承を生んだ。〈京都一条戻り橋は、橋のたもとで死者が蘇生した譚に由来する。また、安倍晴明の屋敷がここにあり、式神をつかって呪術を行っている。これも橋占いと結び付いている。〉「橋の夢」の昔話は、橋が神秘を説くにふさわしい場所とされ、やはり橋の境界性と関係する。橋占いは、往来の人々の言葉で吉凶を占うことである。橋は水辺にて、水神の示現する場所とされ、占いを求めて橋を渡ると、神の霊示があるといった橋もある。いずれにしても、井戸も橋も霊的な存在があり、畏怖崇拝されていたことがわかる。

鎌倉の橋は、もっと実利的なものである。例えば、極楽寺の忍性は、道路の修築七一ケ所、架橋工事一八九ケ所に及んだ。僧侶の架橋は中世を通じ数多い。霊的な伝説は少なく、むしろ井戸や橋の由来が明るいのが特徴的である。

参『闇の検証』（朝日ソノラマ）

の 飲む

時頼が大仏宣時《のぶとき》を呼んで「この酒を一人たうべんがさうざうしければ、申しつるなり」（一人で酒を飲むのは寂しいのでお前を呼んだのだ）この逸話は『徒然草』の中にある。（『徒然草』の項参）

当時、政所の郭内から多くのかわらけが出土した。市内で一日平均五百七十五枚もの消費があったという調査報告もある。かわらけとは使い捨ての素焼きの杯(土器)のこと。酒宴政治の暗示を現し、常に酒宴が執り行われていたのであろう。また、茶を飲みながら酒を飲んでいたようだ。幕府が、酒瓶は一家に一壷令をだしたことがある。言い換えると個人宅でも酒を作っていた事がわかる。『北条重時家訓』には飲酒についての細々とした注意事項が書かれてあり、身内の者たちへ教訓を残している。当時彼は京都にいて、武士として公家に笑われないための心構えが必要であったのかもしれない。『徒然草』第一七五段に、酒の話が載っている。「あらゆる病は酒から起こる」「人に酒をすすめた者は手のない者に生まれ変わる」などと酒の害を述べておきながら、「趣深い酒もある」と譲歩するあたり兼好らしい。

『ヨーロッパ文化と日本文化』（フロイス）の中に「ヨーロッパでは女性の飲酒は礼を失するが、日本ではごく普通で、祭りのときは酔っ払うまで飲む」とある。鎌倉時代になると、女性の飲酒も当たり前となり、心得や作法の解説などが見られるようになる。『とはずがたり』の中には御所において女性の飲酒の記事が散見する。その中で酒のことを「九献《くこん》」と呼んでいる。女房言葉であろう。

観光客が家路に着くころ、地元民行きつけの居酒屋に足を運ぶ。鎌倉ビール醸造株式会社から鎌倉の地ビール（クラフトビール）が出ている。なかなかコクがあってうまい。

の呪い

人を呪わば穴二つ。「宣《の》る」という託宣から出たことば。奄美、沖縄地方にある祝女《のろ》も日本の古い宗教形態を示すものと思われる。また、「のまれる、のっとる、のろけ」、皆語源は同じだと考える。あるいは、「まじない」とも訓ずる。鎌倉の発掘調査をしていると「まじない札」が出土する。どれほど呪詛《じゅそ》の効果があったかは知《わか》らぬが、本人はそれだけ人間関係に病んでいたのだ。相手に病、死などの災厄を生じさせる行為をいうが、呪いをかけた当事者も不幸に見舞われる。のろいの言葉には形があり「もし私が(お前が)〜ば〜」と条件法をとり、人形《ひとかた》を用いて呪った。『調伏曽我』(謡曲)に当時箱根神社にいた曽我五郎は敵工藤の形代を作り調伏をする。そこへ、不動明王が現れ、工藤の形代に剣を刺して、首級を得ては五郎の本懐を暗示させる。まさに形代は、憎悪の対象を厭魅《えんみ》し死にいたらせるための道具であった。

鶴岡八幡宮は、頼朝にとって祈祷寺であったらしく、平家打倒の所願成就を祈る祈祷を僧侶に命じて行わせた。護摩焚きをして平家に呪いをかけていたのであろう。呪詛をして溜まった汚穢《おわい》を浄化し、外へ流すその霊道が段葛である。(『霊道』の項参)

さて、段葛の左右に桜が植えられてあるが、昔からあったわけではない(かつては柳)。花といえば、梅と桜が代表としてあげられるが、桜の語源は木花開那媛《このはなさくやひめ》の「さくや」のこと。迩々芸命《ににぎのみこと》は、結婚相手の父から姉の岩永媛《いわながひめ》も共にもらってほしいといわれたが、姉は醜いので妹の木花開那媛だけ娶《めと》った。姉は代々皇孫は短命が続くと恨み呪ったという。桜は死のイメージが強い。パッと咲きパッと散る。華やかゆえに空しさを禁じ得ない。西城八十《やそ》作詞の「同期の桜」もまさに「さ暗」を連想させる。

数ある桜の語源のひとつに、樹皮が横に裂けるので「裂くる」が転化した説がある。以前、鎌倉湖畔に咲く桜の木に朽ちたワラ人形が架けてあるのを見た。ちょっと足が竦《すく》んだ。

お 大姫の死

頼朝には二人の娘がいた。大姫と乙姫（三幡姫）である。大姫は、人質として鎌倉に送られてきた木曽義仲の一子義高（志水冠者）と心を通わすこととなる。しかし、義仲追討令が院より出されると近江の粟津ガ原で敗死する。当然子の義高の身にも危険が迫ってくる。周りの者は計略をめぐらし、義高を女装させ鎌倉から脱出させた。晩におよんでことのなりゆきが露見して、追っ手の兵を派遣させた。まもなく義高は入間川の河原で討ち取られた。以後、大姫はこの事件により一生を鬱病の状態で、悪夢に襲われて脳乱し、現実と幻想のはざまに生きていくことになる。『吾妻鏡』には「魂を消さしめたまふ」「大姫君御違い例はなはだ御辛苦」「姫君夜より御不例」「大姫脳乱」といった記事が載る。東国武士の娘と、したたかな心の持ち主である貴種との間に生まれながら、心身症となってしまった不幸。義高は大姫にとって絶対の存在であったのである。結局大姫の病は癒えることなく二一歳でこの世を去った。この間に入内のはなしもあったが、流れてしまう。また朝廷は病気平癒の加持祈祷のため、実全という僧を鎌倉に遣わした。反って大姫呪詛を行いそのために早世したと、まことしやかな噂もたった。妹の乙姫も二年後病没している。

武士は多くの者を殺し系図を汚してきている。その罪業は子孫に祟り因果応報の理をあらわす。源氏の一族で殺されなかった者はいないのではないか。血ぬる一族といってよい。大姫や乙姫は因縁の犠牲となった。二人は勝長寿院に葬られた。扇ガ谷にある岩船地蔵堂は大姫の供養塔であろう。大船常楽寺の背後の山にも伝・大姫の墓（姫宮の墓)がたつ。寺の南西に「木曽免《めん》」と呼ばれる塚があり、江戸時代、骨の入った青磁の瓶が出土され「木曽清水冠者義高公之墓」として「姫宮の墓」の近くに移した。寺は泰時建立のため、姫宮は彼の娘の墓ともいわれる。

さて、大姫も乙姫も名前がない。実は母の政子にも名前はない。政子と名乗ったのは還暦過ぎてからであった。この時代、位階を有している特別な女性しか名前(嘉字《かじ》+子)をつけることができなかった。それは、位階を授けるときに作成される公文書に名を記す必要があったためである。母政子は朝廷から従三位の位を授与されている。後、二位の位を得た。もし、大姫が入内していたら名を記され、またその母も頼朝に会わずば、一介の土豪の娘で終わっていたであろう。鎌倉四代将軍頼経室は、源頼家の娘で鞠子(媄子《よしこ》)〈竹の御所〉と称している。この時代の女性は出生順に基づく名か、童名であった。『源氏物語』に登場する姫君も、夕顔だったり三ノ宮だったりする。結局、娘の大姫は母の名を知らないのである。

参『あづまみちのく』「頼朝の長女」(中公文庫)『中世の家と性』「北条政子の誕生」(山川出版社)

お 陰陽師

頼朝が初めて鎌倉の地に入り仮宿を求めたのが、北鎌倉の山内であった。ここは、正暦《しょうりゃく》(九九〇~九九五)以来火災に遇っていない。それは、「安倍晴明が鎮宅の符を押した」ためであるという。もちろん晴明が鎌倉に来るわけはない。晴明の子孫はその後京都だけではなく、全国に広まり『陰陽師・晴明会社』として生計をたてていく。すでに山内には先住者がいて、京都から「鎮宅ノ符」を取り寄せていたのではないか。

頼朝のころは、神官が卜筮《ぼくぜい》していた。本格的に陰陽師をつかうのは、実朝の代に安部維範《これのり》(晴明八代)を招請してからである。その後親職《ちかもと》らの陰陽師らが下向すると鎌倉陰陽師が成立する(『吾妻鏡』には五十四人の陰陽師の名を載せる)。北条氏の代になると、和田氏の調伏祈祷、承久の乱の戦局分析の卜占《ぼくせん》の要請など、幕府護持陰陽師の制度確立となる。

これにより、天皇家、摂関家のみに許可されていた祭祀を取り込み、幕府独自の祈祷体制の整備を試みた。とくに、泰山府君祭、四角四境祭、七瀬の祓えは幕府にとって重要な儀式のひとつであり、陰陽祭の種類は百種類を越えていた。義時邸宅跡、泰時邸宅跡から魔よけの札(蘇民将来札)が発掘されている。最も怨霊を恐れた一族が北条氏で、たとえば、幼名に「寿」の文字が多いのも怨霊対策のひとつとみられる。北鎌倉の八雲神社に、かつて十王堂跡から移された晴明石が置かれ晴明が祈りをこめて災難避けとしたといわれる。故意に踏むと足が悪くなり、知らずに踏むと丈夫になるという。この辺りは、鎌倉の北の境であり、凶事が続くと四角祭が恒常的に実施された。街道を東へ進むと踏み切りの脇に安倍晴明碑が立つが、このあたりに晴明の屋敷があったと伝えるが確証はない。さらに建長寺方面に行くと第六天社の石段が見える。拝観はできないが、石段下にも安倍晴明碑が立っている。第六天とは、人間界において仏道の妨げをなす魔王のこと。その凶暴な力をもって悪を懲《こ》らす神に昇華させた。そして、悪の好む悪をもって退散させる方法を利用した。解毒には毒をである。(『六』の項参)山の内街道沿いに鎌倉陰陽師たちの邸宅があったのではないか。

参『北鎌倉の神々』(夢工房)

安倍晴明大明神石碑　伝晴明邸宅跡

く 葛原

葛原ケ岡（源氏山公園）は桜の名所として多くの人が観桜にくる。かつて葛原は処刑場であり、南朝の忠臣日野俊基が誅せられた。明治にはいって神社が創建され、葛原岡神社が鎮座された。公園の小高い所が源氏山（九二、六ｍ）である。源義家が後三年の役のとき、鎌倉に入ってこの山に旗を立てたので旗立山（御旗山）と呼んだ。山麓に源義朝の邸宅（寿福寺）があったので源氏山といったとも。この公園に入るルートは何ヶ所かある。もっとも有名なのが化粧坂切通しから入るコースであろう。

葛原とは、梶原景時の四代前景成が、桓武平氏の祖にあたる葛原《かづらはら》親王を祭神とした社をここに建立したことにちなむ。のち御霊社として梶原に遷座した。かづらはら→くずはらと訛り伝承した。景成の子が鎌倉権五郎景正である。親王は、幼くして聡く、長じては恭倹でおごらず、よく史伝を調べ、常に古今の成敗を戒めとした。また、職務に精通して旧典に練達していた。享年六七。この親王を祖先とする武士たちを「桓武平氏」と呼ぶ。父は五十代天皇桓武帝（三人の天皇を輩出）。母は、多治真人の子孫長野の娘真宗。武蔵七党のひとつ丹党も母方の流れをくむ。多治、丹治のほかに蝮、丹治比などの文字を用いるが流派を異にするものではない。宣化天皇の孫王は、誕生のおり産湯にたじひ（いたどり）の花が飛来したので多治比古と名付け、以来子孫も多治比を氏とした。おそらく大阪の丹比郡の地名由来であろう。反正天皇も蝮《たじひ》之水歯別《わけ》命（多遅比《たじひ》瑞歯別《わけ》）と名のる。「たじひ」を名に用いるのは霊的なものが宿っている古代信仰である。箸墓《はしはか》古墳も蛇の伝説をもつように古代の信仰には蛇とかかわる伝説が多い。閑話休題。

さて、こうした血を受け継いだ一族が、坂東八平氏となって各地に盤踞していく。八平氏とは、通説では上総、千葉、三浦、土肥、秩父、大庭、梶原、長尾の八氏。しかし、八とは特定の家を指すのではなく、「八十氏人《やそうじひと》」のように多数を意味するものである。そこへ武蔵七党が、藤原秀郷流が、為憲流が加わり関八州に武士団が広がっていく。

（『平氏』の項参）

参 『桓武天皇』〈人物叢書〉（吉川弘文館）

く 熊野神社

京都市の二十分の一しかない鎌倉でも、観光地としてほとんど訪れない寺社もある。熊野神社もその一つである。熊野は紀伊国にある熊野三山（本宮大社・速玉大社・那智大社）の総称であり、鎌倉時代になると阿弥陀の浄土として信仰を集め、熊野詣は盛んとなる。蟻の熊野参り、牛王宝印を描いた起請文、先導としての八咫烏《やたがらす》、補陀落浄土への渡海など、熊野関連のことがらは多い。材木座にある補陀洛寺もその信仰の対象であった。白河院のとき熊野詣でが始まり院も度々詣でたそうだ。（『愚管抄』）鎌倉武士も鎌倉の地に熊野神社を勧請、建立し、熊野信仰が広まった。鎌倉の熊野神社も奥つき処、秘境（といえるかどうかわからぬが）に建つ。熊野の熊は、①隠《こもり》の意味、②神野《かみの》の転があり、「くま」は霊意の強い文字で古代人はとくに好んだ。アイヌのイオマンテもこれに近い信仰があった。熊野は、山岳地帯にありふもとに大河が流れその先には大海を臨む。早くから霊地とされ、熊野は死者の霊の籠もる聖地として知られた。そして、極楽往生の証明を授与できる地として信じられるようになる。鎌倉には川が流れ、海が眺望できる場所に熊野社はないが、今残る六社は奥まった谷戸にひっそりと隠れている。わざわざ訪れなくても近くに立ち寄る機会があれば、参拝してみてはどうか。新たなパワースポットともなろう。

十二所神社	勧請未詳	天神七柱と地神五柱の十二神
朝比奈切通し	源頼朝勧請	速玉男之命・伊邪那岐命・伊邪那美命
極楽寺	文永六年	日本武尊・速玉男命・素盞鳴命・建御名方命
多聞院左石段	勧請未詳	日本武尊
青蓮寺近く	勧請未詳	伊弉冉命《いざなみのみこと》・事解男神《ことときおのかみ》・速玉男神
浄妙寺左奥	勧請未詳	伊弉諾尊・伊弉冉尊・天宇順女神

朝比奈にある熊野神社は天王社とも呼ばれ、霧がかかるとまさに深山幽谷の雰囲気を漂わせる。かつてこのあたりに紫式部を植樹したことがある。いまどうなっているのか。（『補陀洛寺』の項参）

参『吉野熊野信仰の研究』山岳宗教史研究叢書Ⅳ（名著出版）

く　雲隠

一一九九年一月十三日、頼朝は相模川の橋供養のおり落馬が原因でこの世を去った。享年五十三歳。「しばらく寝たきりとなったのち」とあるので、脳卒中の可能性も考えられる。当時の人々は塩分の濃い食物を摂取していた。彼はとくに「すわやり」という魚や肉を塩漬けにした保存食を好んで食していた。『吾妻鏡』は死去の記録が欠損部分となっている。偉大な源氏の棟梁の死をわざと記載しなかったと、まことしやかに伝えているがまさになぞ多き「雲隠ノ巻」だ。そもそも源氏一族はまともな死に方をしていない。ほとんどが殺害か首を刎ねられている。頼朝だけが剣難に無縁という不可解さが脳裏から離れない。平家や義経の怨霊にうなされ心身喪失の結果死を招いたとか、御家人の安達氏や畠山氏が死に関与していたとか、糖尿病が原因とかいろいろ取り沙汰された。なぜ遺骨を菩提寺の勝長寿院ではなく法華堂に納めたのか。これは頼朝の怨霊封じ込めのためであり、そこまでしなければいけなかった理由とは何であったのか。これは取るに足りぬ憶測で何の証拠もないが、死後、有力御家人十三名は頼朝親政から合議制とした。頼朝の晩年（大姫入内計画のころ）武家政治の矛盾が吹き出し、武士たちは御家人本位の政治体制を待ち望むようになる。その中心人物こそ北条氏ではなかったのか。武家の棟梁は源氏という旧態依然とした考えは、鎌倉を中心とした武家政治には形骸化し合わなくなっていった。弱った頼朝を毒殺し、すでに頼家・実朝の暗殺計画の青写真もできていたのかもしれない。毒を盛られて「御脳乱」と記すまでもあるまい。頼朝が挙兵してから亡くなるまでの二十年、北条氏はいろいろなことを体験してきた。とくに義時は時代の趨勢を敏感に見極めてきた。彼の立場は将軍でもなく御家人の代表でもなく「議長役」といったところか。源平の合戦のころ、上総介平広常が頼朝にむかって「京都や朝廷のことばかり気にかけるのは見苦しい」と批判した不遜な人物といわれた。義時は、広常のことばがわかる年齢となった。頼朝のころは朝廷崇拝があったが、義時は、鎌倉あっての朝廷であると強く訴えていく。それは、頼朝死後二十年後の乱で決定的となる。その義時もまた毒殺されたとの風聞がたった。（『二代目』の項参）

参　『源氏三代死の謎を探る』（新人物往来社）

㋳ 八雲たつ

熊野神社、御霊神社、稲荷神社、鎌倉には同名の神社が多くある。熊野詣まではかなりの距離があるので鎌倉に熊野権現を勧請したもの。御霊神社は鎌倉権五郎景正の霊を祀ったもの。稲荷は食（ウカ・ウケ）の御霊を祀り、五穀豊饒《ほうじょう》を祈ったもの。それぞれ地に根差した社である。

八雲神社は鎌倉に数ヶ所あり、のち他の神社と合祀された八雲神社が二社ある。

場所	勧請年月	祭神	備考
西御門	未詳	須佐之男命	
常盤	慶長年間	素盞嗚命・速玉之男命・伊弉冉命	熊野社を合祀
大町	永保年間	須佐之男命・稲田姫命・八王子命 京都の祇園社を勧請	他三柱を合祀
山内	文明年間	素盞嗚命	牛頭天王社ともいった 四角四境祭の斎場跡

共通するのは、祭神がすべて須佐之男命である。また命《みこと》は、牛頭天王と同一視されている。荒ぶる神であり、その神により病気や悪霊を祓ってもらうという信仰からきたもの。また、八雲神社の境内には、庚申塔、青面《しょうめん》金剛像、三猿が三点セットとして共に祀られている。(『庚申塔』の項参)それは災厄《さいやく》除去の神として集落の境界に建てられた。(小動神社、五所神社も荒ぶる神を祀る) 牛頭天王はインドの祇園精舎の守護神とも、薬師如来の垂迹《すいじゃく》ともいわれる。『古事記』に次のような話が載る。「その速須佐之男命、宮造作るべき地《ところ》を出雲国に求め給ひき。(中略)この大神、初めて須賀の宮を作り給ひしとき、其の地より雲立ちのぼりき。ここに御歌を作り給ひき。その歌は、八雲立つ 出雲八重垣妻籠《ご》みに 八重垣作る その八重垣を」。八雲神社は出雲系の神で、祭神は須佐之男命、例大祭は七月十五日となっている。京都祇園祭りと重なる。

参『牛頭天王信仰の中世』(法蔵館)

や　やぐら

岩壁に穿った横穴式の供養塔または墓所のことで、十三世紀中頃から約二百年間続いた。「やぐら」という言い方は一方言であるので学術用語としては不適切といわれる。現在市内に約百四十ヶ所、基数でいえば約千二百基、破壊されたものを含むと四千近くある。形は四角い窟に掘られ、一m四方から五m四方まで様々あり、単なる穴倉ではなく神仏を祀る岩窟のように美飾されたものをやぐらとよんだ。「しっくい」は白色を基調とするがベンガラ塗りもみとめられ、枠に金縁をほどこすがこれらは身分の高い僧か武士であった。

「やぐら」の語源は「いわくら」の転訛といわれる。また、「谷座《やとくら》」説もあり岩手、福島、長野あたりでは、山中の切り立った岩盤や断崖を「くら」と呼ぶ。御手座《みてくら》の「座」は器物を載せる台をいい、高御座《たかみくら》の「座」は座る所、席をいう。谷の一部を削りそこに死者の霊魂を籠め置き、供物を載せた台《うてな》を奉る処こそ「やぐら」ではなかったのか。鎌倉は、石窟寺院が多い。江ノ島岩屋、銭洗い弁天窟、窟《いわや》堂などの影響もあるかもしれない。そして、そのほとんどが供養空間で、祖先の霊を祀る神棚の意味もかねていた。

鎌倉を歩いていると谷の多いことに気が付くが、奥へ入ると必ず「やぐら」に出合う。今は個人宅となっているが、庭に崖がある家はほとんど「やぐら」を持つ。「やぐら」自体が庭園の借景となった例も多い。鎌倉の庭園の特徴でもある。庭を眺め死者の菩提を弔うなどなんとすばらしい着想か。報国寺や、無量寺廃寺跡などその例である。小さな土地に何万人もの人口が密集し、浄穢が混在しそれが文化として開花する鎌倉人の知恵はおどろかされる。死者を丁重に葬るのは、遁世僧が多く出たこの時期と重なる。平安貴族の庭園に墓碑や供養塔はありえない。血を血で洗う鎌倉武士という精神生活圏の差異である。大仏次郎が京都人を鎌倉に案内したことがあった。京都人は「鎌倉は土の匂いがする」といったそうだ。鎌倉は土と切り離せない地形にあるといってよい。

参『美の壺―鎌倉―』（NHK出版）『やぐらめぐり』（冨士川英郎）

ⓨ 谷（谷戸）

古代、この地で戦った親王がいた。葛原《かづらはら》親王である。桓武平氏の祖とされ、国香流・村岡流などに分かれていく。ここは、先住民（国栖人《くす》）のすむ地であり、古代皇威に服さない蛮民をさし蝦夷族や土蜘蛛族と同じといわれている。西からの勢力と激しく戦いかれらは一掃された。そして、国栖が追い払われた岡という意味で「葛原ガ岡」（現源氏山公園の一部）となり、親王の名も「くずはらしんのう」と呼ばれるようになったという土地の伝説がある。因みに、「葛原岡神社」はクズハラオカと訓む。一方、敗れた先住民の中に、隠れ里の谷で生き続けた者がいた。彼らの崇拝した神が「夜刀神《やとのかみ》」であった。（『葛原』の項参）『常陸国風土記』に、「蛇をいひて夜刀の神となす。その形は、蛇の身にして頭に角あり。引率て難を免るるとき、見る人あらば、家門を破滅し、子孫継がれず。」とあり、毒蛇を畏怖していう祟り神で怨霊となっていく。

ヤト・ヤツは谷あいの低湿地のこと。蛇も多く棲息している。（『蛇』の項参）鎌倉には三〇〇〇とも四〇〇〇ともいわれるヤグラがあるが、ヤトとも密接に関係し、蛇神も多い。なお、葛原親王の母は「蝮《たじひ》長野の娘」という。これは、菅原道真の乳母である、「多治比（蝮）文子」と同族である。

江戸の鎌倉ガイド本『鎌倉記』（玉舟和尚、一六三八～四二年刊行）の中に、七谷が載っている。①梅が谷　②ササメガ谷（笹目）③扇ノ谷　④雪ノ下が谷　⑤亀ガ井ノ谷　⑥べ子ノ谷　⑦花ノ谷。これらが何を基準にして選ばれているのか、はっきりしない。玉舟が意図した谷とは何であろうか。また、『新編鎌倉志』は「谷七郷」として、

※小坂、※小林、※津村、葉山、村岡、長尾、矢部の郷を誌す。なお※印が現鎌倉市に属し、当時の鎌倉はかなりの広範囲とみてよい。

その後『鎌倉物語』(中川喜雲、一六五四刊)には十四谷、『沢庵和尚鎌倉記』(一六五九刊)には、二十二谷が示されている。玉舟は、七福神、谷七郷、七切通しなどの七を充てたにすぎず、個人的に旅情を誘った谷であろう。紅葉ケ谷・鴬ケ谷・月影ケ谷などは美しい名の谷である。谷の多くは寺社、武家屋敷の跡が残る。鎌倉は谷中心に発展してきたといえる。谷戸は馬蹄形が多く奥に入るほど高くなり、守りやすく攻め難い地形となっている。

参『谷戸めぐりのススメ』(高志書院)

ⓨ山

川端康成が仲間数名と鎌倉アルプスを歩いた紀行がある。午後四時鎌倉駅舎に集合し夜八時過ぎに横浜に至るまでの記録である。夏とはいえ出発が遅すぎること、身なりが軽装であることにイライラしながら読んだ。低山であってもあなどってはいけない。浅はかな山登りであった。天園ハイキングコースを鎌倉アルプスとよんでいる。起伏に富み屈曲を繰り返して尾根道を行くコースとなり、もっとも高い太平山でも百五十七(百五十九)m。山々はだいたい百二十mから百四十mの低山が連なっている。鎌倉の主な山は十四～五か。また、尾根道の途中に「やぐら」が散見するが、足場の悪い場所や、崖が崩れている所もあり簡単に見学はできない。尾根からの眺望はすばらしい。

鎌倉山というとき特定の山をさすものではない。

大森金五郎博士が著書『鎌倉』の中で「勝上嶽《しょうじょうがたけ》の山脈は東に延びて鷲峯山《じゅぶさん》、大平山、天台山などとなっているが、これらは歴史上特に注意すべきほどのものではない」と述べているが、鎌倉史にとって重要な山並みである。勝上とは瑞祥名で、鷲峯山まで多くの貴重なやぐら群（百八やぐら群）がある。途中の十王岩から鶴岡八幡宮の屋根を臨み、真っすぐ若宮大路が海にむかって走っている。頼朝の幕府計画の跡がわかる。また、鷲峯山は霊鷲山《りょうじゅせん》、耆闍崛山《ぎじゃくっせん》とも言い、釈迦が法華経などを説いた山である。形が鷲に似ているため、また山中に鷲が多く棲むところから称した。天台山は、幕府の鬼門にあたり京都の比叡山を模した。この山を起点に都市計画がなされたという学説もある。太平山は、鎌倉の最高峰で、『古事記』に「黄泉比良坂」とあり、「ヒラ」は傾斜地や崖を現した。俳優の六平《むさか》直政氏も「無坂」で坂のない場所（土地）をいった。ここから十二所神社方面にむかう途中にも、市史跡のやぐら群が点在する。

犬懸上杉邸跡の石碑から平成巡礼道が衣張山へむかう、いわゆる坂東三十三観音霊場巡礼の道が続く。衣張山は「七不思議」の項でも述べたが、昔、TVや雑誌『ムー』で紹介されたことがある。TVは俳優の本田光太郎氏がナビゲーターとなって、なぞの衣張山の尾根を釈迦堂切通しへむかって歩いていったと思う。途中、巨岩があり地下へと続く洞穴を下りていくと地下二～三階は確認された。二階はかなり広いやぐらの痕跡となっている。このあたりは「北条時政別邸名越亭跡」といわれた地で、今は私有地のため入ることはできない。唐糸やぐら、日月やぐら、実朝が観桜をしたというやぐらなどが残り、全体を城砦として構築したのであろう。（TVで見た記憶を書き留めておく）

参『御伽草子』唐糸さうし（岩波書店）『鎌倉の地名由来辞典』（東京堂出版）

ま 舞

東大寺の供養のときＳＫＤのお姉さん方が太ももあらわに大仏様の前で踊ったことがある。神仏に舞を奉納する儀式は、天鈿女命《あめのうずめのみこと》から始まり、鎮魂祭に繋がる。①生成力によって活力を与える儀式、②他界にいる邪悪なるものを打ち破る儀式である。舞は、祭りで神と人とを媒介する巫女から生まれた。そして、シャーマニズムの憑依《ひょうい》に由来する。女性のシャーマンは民間の占い巫女となるか、神道祭祀で神主の支配をうける神社巫女となっていく。また、彼女たちは、遊女へ転身していく場合もあった。白拍子なども神と交流できる能力があり、白拍子を介して神人《しんじん》共食をし祭りの中核とする。今日のお茶屋遊びのルーツとなる舞といえば、鶴岡八幡宮での静の舞だろう。

四月八日灌仏会《かんぶつえ》。工藤祐経、畠山重忠、梶原景時の伴奏により、静は義経を想い舞殿（下の拝殿）で舞う。

吉野山峰の白雪踏み分けて入りにし人の跡ぞ恋しき。

しづやしづしづのをだまき繰り返し昔を今になすよしもがな。

今日は、神仏の功徳と関東万歳《ばんぜい》の舞を奉納するべきところ、義経を慕う場違いな内容であったので、頼朝の怒りを買った。静は、政子の機転の利《き》くとりなしで事なきを得た。つまり、頼朝挙兵時、伊豆山に隠れ潜んでいた自分の想いは、今の静の気持ちと変わらない。女心の機微をわかってほしいと説得したとか。

余談だが、この話は二〇一三年「東京大学」理科前期国語の入試問題に出題された。（出典は近世成立の平仮名本『吾妻鏡』。）

さてこの舞殿はまだ存在しておらず、若宮の回廊であった。また、現在の本殿は火災後再建されたもので、石段もない。石段下の右側奥に若宮が今も残る。当時はかなり広い回廊がめぐらされていた。その後、静は男児を生むも親子引き裂かれ、赤子は由比の浜に埋められた。静は帰洛し、尼となって専修念仏し往生をとげたと伝える。

『徒然草』（二二五段）によると、信西が磯の禅師という女に奥義を教え、白い水干に鞘巻、烏帽子といういで立ちで舞わせ、娘の静が芸能として継いだとある。本来白拍子は、宗教的儀式の場において行われていた。特に寺院における延年の場が想起される。同書に「仏神の本縁をうたう」とあるように巫女的な存在であった。昔、神社拝殿で白拍子が謡い舞うことに不敬を感じた僧が白拍子を禁じた。やがて興福寺の別当になった彼の夢枕に明神が現れ「謡い舞うことすべて仏事である」ことを告げた。これによって再び白拍子が復活したという譚《はなし》が『雑談集』に載る。

参『京都のくるわ』「花街と芸能・芸道」（新典社）

ま 祭

鎌倉の年中行事は主な祭りでも八十余りある。寺社それぞれの行事を含むと相当数に及ぶだろう。「まつる」の表記は四十近くあり、手に肉を持ち供えて示し神を祭る意味をいう。「まつる」とは神と人（神事）、祭りに加わる人（祭礼）をも結び付け、交流一体となることである。祭のタイプには三種類ある。①十分に霊魂を祀ることによって、慰撫し怨霊を解消させる方法。怨霊事態を崇め奉る祭り型。（玉縄史蹟祭〈首塚供養〉、葛原岡神社例祭、義経祭）②祟りを及ぼす怨霊を各自の生活空間から追い払う方法。水に流し、時には火をつけ怨霊の因子を放逐する送り型。（左義長、お火焚き祭）③祟るという力能を最高度に発揮してもらう方法。災難、不幸を遮断し圧殺する効果のある祟り型。（小動神社例祭、八雲神社例祭〈この二社は祇園祭系の流れを持つ〉）祭りとはいずれも怨霊や祟りの除去と関係している。盆踊りも霊の鎮魂であり、茅の輪くぐりも、身の安全や脅威を避けることにあった。祭りだからといって浮かれた気持ちで参加してはいけない。

頼朝祭は、四月十三日の鎌倉祭のとき法華堂（貴人の納骨堂）で墓前祭が行われる。祭はかつて武者行列が市内を行進したが、交通事情の関係で中止となった。私は法華堂の前を幾度か通っているが、不思議な体験をしたことがある。

晴れた蒸し暑い六月のころ、堂の透き間からうっすらと白い煙が出てくるのを確認した。それは、火災の煙とは全く異なった。中に人のいる気配もない。怖いもの見たさに煙に近づくと、煙は瞬くうちに堂の中に吸い込まれていった。その間わずか十秒足らず。ぞっとした私は足早にその場から立ち去った。夜いつもの日記を付ける。この日はどんな日か『三六五日事典』を調べると、三浦氏が滅んだ宝治の合戦の日（宝治元年六月五日）。『吾妻鏡』には当日巳の刻とある。一族が頼朝画像を前に五百人が自害したまさにその時間に法華堂を歩いていたのだ。何かわたしに訴えたかったのだろうか。

参『相模三浦一族』（新人物往来社）

ま 魔の鎌倉

一三三三年五月、洲崎で新田軍数万の勢が鎌倉に攻め入った。北条軍は、一夜にして数万の兵がわずか三百人になったほどの激戦を繰り広げた。執権守時は、一日一夜の間に六十五度も討って出るという凄まじい防戦であった。戦後二十三年、土地の人は戦死者の霊を弔うために合戦跡に宝篋印塔（二〇三㎝）を建てた。夜ごとすすり泣く声が聞こえてくるので「泣き塔」と呼ばれた。この近くに土地を持った人はたえず貧乏するので、次々と地主は変わったそうだ。かつてこの塔を売却されたときには、関係者が不慮の死をとげた。大船工場建設のおり、塔を取り壊そうとするたびに多くの死者が出た。一時、青蓮寺に移されたときに、住職の夢枕に塔の霊が現れ「帰りたい」と泣いて訴えたという。それ以来不便を感じながらも祟りを恐れ移動を禁じられている。

ここから北へ約一㎞いくと北野神社（山崎天神）が建つ。夢窓疎石が暦応年間（一三三八〜四二）に京都にある北野天満宮を勧請し創建した。境内には信徒が建立した応永十二年（一四〇五）の宝篋印塔（一八〇㎝）があり、利生塔ともいわれる。四方仏（薬師、釈迦、阿弥陀、弥勒）の尊像を浮き彫りにしている。上部は欠損しているが大変貴重な塔だという。周りを金網が厳しく囲ってあることからもよくわかる。上部の相輪部をとると笠部の中心に凹みがあり、そこに溜まった水を目につけると眼病が治ると伝えられている。ある男性が、面白半分で凹に溜まった水を頬につけた数週間後、奥さんは寝たきり、孫は体調をくずし、自分も仕事がままならぬ状態となったという話を聞いた。小石を拾っただけでも祟られた人もいるそうだ。触らぬ神に祟りなし。

建長寺の奥を進むと半僧坊に出る。さらに上ると天園ハイキングコースへの山並みが続く。まもなく異様な磨崖仏に出会うが「わめき十王窟」と呼ばれている岩塊である。夜な夜な泣きわめいて谷の底の住民を震え上がらせた。かつて、谷は地獄谷といい、処刑された罪人の亡霊がこの峰に駆け登って泣き叫んだとの言い伝えもある。

風化され砂石となったものも持ち帰ってはならぬ。（『七不思議』の項参）

参『太平記』巻三十一

北野神社（山崎天神）応永 12 年　宝篋印塔

⓮ 慶派と鎌倉彫

運慶快慶の流れを組む仏師たちを慶派とよぶ。鎌倉に運慶作と伝わるものはほとんどない。多くを作成したであろうが、焼失してしまった。現存する運慶作は二十体あるかないかだ。寄木造が主流となり、大きな仏像作りが可能となり細部にまでほどこしをいれることができた。すべてが分業で「運慶工房」といわれる大作業場であった。東大寺南大門金剛力士像は、阿形二九八七、吽形三一一五もの部材で構成されていた。江戸時代に入ると、仏像製作の需要もなくなり修理工房となっていく。

運慶の孫康円（康運とも）が陳和卿《ちんなけい》とともに法華堂の仏具を作ったときに、これにほどこした漆技が鎌倉彫の始まりで、木地に唐文様を彫刻して朱漆を塗装(堆朱《ついしゅ》)し、とくに禅宗のあいだに広まった。建長寺の須弥壇、覚園寺の薬師三尊像、浄光明寺の阿弥陀三尊像の台座や蓮弁などにみうけられる。当初は仏具に多く用いられたが、茶道の普及によって鎌倉物として珍重された。硯箱や小香合、盆などの風雅な器物となっていく。鎌倉国宝館に「唐獅子牡丹四方硯台」は鎌倉彫の代表作品である。鎌倉仏師の流れをひく三橋、後藤、伊沢の三家が伝統を受け継いでいる。二の鳥居近くにある鎌倉彫資料館では、各時代の鎌倉彫を紹介し貴重な作品も展示されている。若宮大路には鎌倉彫の店が何軒か連なる。また、教室が開かれている所もあるので、興味があればのぞいてみるのもよい。土産物として機械でつくった鎌倉彫も置いてあるが、手作業で作成していくこそ味わい深い鎌倉彫が生まれるのではないか。陳和卿は南宋の工人で損傷した奈良の大仏の修理に参画した。南大門の石獅子は彼の遺例とされる。頼朝から鎌倉下向を依頼されるも、頼朝が多くの人命を断ったことを理由に辞退した。それから二十年後、突然鎌倉に現れ、実朝に謁見する。「将軍は、自身が仕えていた医王山の長老の転生である」と説き信任を得た。陳和卿は実朝に渡宋を勧め、翌年、由比が浜に巨船を造ったものの浜は遠浅のため進水せず失敗に終わった。突然現れた理由や造船技術の知識はわからない。単純に考えれば、帰宋したかったが瀬戸内に宋船が入ってこなかった。本人は仏具作りが専門で大型船の技術はなかった。しかし、歴史とはそんな簡単に割り切れるものか。

参『漆の花』立原正秋

け

化粧坂《けはいざか》

鎌倉時代、二人の女流作家が来鎌している。阿仏尼と後深草院二条である。二条は、化粧坂切通しを通ったことになっているが、極楽寺切通しの誤りであろう。文学上の虚構である。阿仏尼は、山寺（極楽寺）近くに住まいしたが、二人は極楽寺とは書かなかった。音韻や字面からか避けたのであろう。室町に入ると化粧料ということばが出てくる。持参金のことである。鎌倉時代に化粧料という言葉があったかどうかわからぬが、名にし負う女性作家らしく響きもよく、あえて化粧坂と二条は記したのである。「鎌倉に入る坂ならば」と思いついたのかもしれない。他に、敵の首を斬ったあと化粧をほどこしたためとか、遊女屋が立ち並んでいたとか、険しい坂道で「けわいざか」と呼ばれたとかいろいろな説があるが、どれも確証はない。この場所は、商売地区としてにぎわっていた記録がある。また、鎌倉将軍が京に追い返される時、必ずここを通ることが恒例となっていた。さらに、一三五二年の新田義興《よしおき》・義宗兄弟の鎌倉攻めや、一四一六年の上杉禅秀の乱でも攻防の激戦区となる。化粧坂は、名とはほど遠い何かと暗いイメージがつきまとう。化粧、化域の名は境界にあり、鎌倉の境であった。こうした場所には商業地区ができる。幕府は町屋を営む場所を七ヶ所と決め（一二五一）化粧坂もそのひとつであったが、その後商売地域が増え改めて商売地区を整理した（一二六五）。その中に、化粧坂は外されているが、消えたわけではない。化粧坂の少将と呼ばれる遊君の話が伝わる。曽我五郎時致の想い人である。梶原景季の恋敵として少将は登場する。

五郎の父の仇討ちの真意を知った彼女は、愛欲に溺れた己を恥じて出家する。五郎は少将の思いを胸に秘め、敵討ちの本懐を遂げる。これは甚だ文学的虚構であり、兄の十郎祐成の恋人大磯の虎と対をなす架空の人物である。
なお、ＪＲ大磯駅から花水川に向かう途中に化粧坂という道筋が通る。このあたりに娼家があった。鎌倉には七つの切通しがあるが、極楽寺坂以外は往時の様子を残している（国指定史跡）。旧道の極楽寺坂は、今の真言宗成就院参道の高さまであり、由比の浜も一望できる。「化粧坂」と取り替えた（？）二条は鎌倉のようすを次のように描いている。すなわち、「階《きざはし》などのやうに重々《ぢゅうぢゅう》に、袋の中にものを入れたるやうに住まひたる」（『とはずがたり』）と感想を記す。当時、辺りには御家人の浜宅が建ち、また、大型船から荷揚げされた荷を置く倉庫もあり、浜はさまざまに利用された。まさに所狭しと家や倉庫がひしめき合う様子をいったのだろう。

参『とはずがたり』の鎌倉（「港の人」）

け 元号からみた鎌倉

元号の改元は、統治者の即位、祥瑞、災異などがあった年にみられる。二四八ある元号（大化から令和まで）のなかで鎌倉時代（一一八五～一三三三）は、改元五四回、改元率二、七四年に一度行われ、二六五年間続いた江戸時代でも、七、一六年に一度である。もっとも長く続いたのが文永の十二年間である。いかに鎌倉時代が不安定で不穏な時代であったかをものがたる。（『怨霊・怨念』の項参）後醍醐天皇（在位一三一八～三九）治世のように、改元八回に及んだ例もある。改元の主な理由に、①疫病の流行、天変地異。鎌倉時代だけで百二十四回の火災、その他、兵乱や不穏な事件。②訓読された元号が不吉なため。たとえば暦仁は「任を略す」と読み縁起が悪い、天福は転覆に通じるなど漢字や音訓にかなり神経質な国民感情をもつ。

貞永式目（御成敗式目）	一二三二	幕府基本法典。五十一か条。最初の武家法。
承久の乱	一二二一	後鳥羽上皇が幕府討滅を図った戦乱。
宝治の合戦	一二四七	幕府が三浦一族を討滅した戦乱。
※建長寺創建	一二五三	開山蘭渓道隆、開基北条時頼。最初の本格的禅寺。
文永・弘安の役	一二七四・一二八一	元冠。
永仁の徳政令	一二九七	棄捐令。御家人の土地売買、質入れ禁止。
文保の和談	一三一七	両統迭立。南北朝の始まり。
正中の変	一三二四	後醍醐天皇の討幕計画。
元弘の変	一三三一	後醍醐天皇の討幕計画。

※延暦寺や建仁寺のように元号が使用された寺院は数少ない。尊氏は天龍寺を元号名（暦応）にしたかったが勅許を得られなかった。

参『鎌倉武家事典』（青蛙房）

ⓖ けんちん汁

建長寺の僧が誤って豆腐を床に落とし、崩れた豆腐を煮込んだのがけんちん汁といわれる。建長寺汁が訛ってけんちん汁というが、巻織汁とも書き普茶料理のひとつである。黒大豆のもやしを胡麻で妙めて、塩、醤油で味付けしたものを、けんちぇん（けんちゃん）と呼ぶ。これに豆腐を崩して油で妙め、笹垣牛芽や麻の実を加えて、澄まし汁にしたものが、巻織汁といわれている。普茶料理は黄檗《おうばく》宗万福寺の開祖隠元（一五九二〜一六七三）が、中国から伝えた中国式精進料理のことである。

禅門での食事として作られた料理を精進料理というが曹洞宗道元が伝えた。身近な旬の野菜、山菜、キノコ、木の実、海藻などを材料として、五味、五法、五色の決まりのもと調理されたものである。汁も昆布、椎茸などを使い、塩、醤油、みりんだけで味付けをする。精進とは、ひたすら仏道修行に励むことの意味。とくに葬儀のときに出されるのは、精進潔斎し身を清めて不浄を避けるために、肉食をせず菜食し精進の状態から平常の状態にもどる意味がある。

ここで禅宗の開祖三人が揃った。①栄西（臨済宗）寿福寺、建長寺は蘭渓道隆。②道元（曹洞宗）永平寺、③隠元（黄檗宗）万福寺。なお、黄檗宗では読経はすべて中国語である。饅頭も寺院から生まれた。一二四二年聖一国師（円爾）は七年間の留学を終えて帰国し、酒饅頭の製法を日本に伝えた。禅僧の点心として広まっていく。百年後、仁和寺二世龍山禅師が、中国から多くの僧や技術者を連れて帰国した。その中に砂糖を使用した饅頭を製作した林浄因がいた。林は塩瀬を名乗り、菓祖として奈良市に祀られた。江ノ島では、江戸時代から続く夫婦饅頭や酒饅頭が老舗を構える。

五法	生、煮る、揚げる、焼く、蒸す
五味	甘い、辛い、酸っぱい、塩辛い、苦い
五色	青、赤、白、黒、黄（一膳に天地を盛り込む）

参『建長寺と精進料理』（学習研究社）

ふ 補陀洛寺《ふだらくじ》

一一八一年頼朝が祈祷所として創建した。開山は文覚。当初は七堂伽藍を備えた荘厳な寺院であった。度々竜巻の災害を受けていたので竜巻寺と呼ばれた。そのため多くを失い寺の規模は縮小してしまった。なぜ「補陀洛」と名のったかは不祥である。本尊は当初薬師如来、現在は十一面観音菩薩。薬師如来は病を治癒するのみならず、仇敵調伏の効験もあり頼朝なども度々祈願を行った。また、中興の仏乗坊頼基によると、頼朝の供養はこの寺で行うことになっていたらしい。頼朝座像や文覚裸形像など多くの仏像彫刻が残る。

さて、補陀落（洛）とはサンスクリット（梵語）でポタラカの音写で、インドの南海岸にある観音の住むという八角形の山をいう。観音信仰の隆盛とともに、南方海上にある観音の補陀落浄土を目指して出帆することが行われ、そのメッカが熊野の那智の浜であった。

『吾妻鏡』天福元年（一二三三）五月二七日の条に「三月七日、熊野那智の浦より補陀落山に登る者あり。智定房と号す。これ下河辺六郎行秀法師なり。（中略）かの乗船は、屋形に入るの後、外より釘をもつて皆打ち付け、一扉もなし。月日の光をみるにあたはず。ただ燈《ともしび》をたのむべし。三十ケ日がほどの食物並びに油等わづかに用意す」と伝える。出家の原因は、那須野の狩場で大鹿を射損ね、恥じてその場で出家を遂げ、そのまま逐電してしまった。

補陀洛寺から臨む相模湾沖に烏帽子岩がかつてあったらしいが、そこを補陀落山に見立てていたのだろうか。

智定房行秀には後日談があり『北条五代記』（三浦浄心）によると「八丈島の島女は甚だ美容なり。昔は女のみありしに、そのかみ下河辺六郎行秀入道智定房、この島へ渡りあまたの子を生みしより、男もあまたになりぬとかや」とある。『吾妻鏡』のことから付会したものだろう。『好色一代男』の中で八丈島を女護島と呼んでいる。

東慶寺に木造水月観音菩薩半跏像《はんか》（三十三観音のひとつ）を安置する。補陀落山の水辺の岩上に座し、水面に映る月影を眺める姿を表わしている。このような姿を遊戯座像と呼ぶそうだ。柔和な表情でなにか思いにふけり、慈悲深さが伝わってくる。

参『補陀落渡海考』(佼成出版社)

ふ 文を認《したた》める

創業五十年。小町通りにある和紙の専門店「社頭」はどれも繊細で美しく心惹かれる。私は、鎌倉を訪れるとここで絵葉書を購入する。手触りが何ともいえない。近年はそんな多く売れないそうである。何しろスマホを二台持つ者もいる時代だ。五世紀ごろ杜家兄弟らが著した『杜家立成《とかりっせい》雑書要略』という手紙の書き方本が正倉院に残っている。教養として洗練された手紙の書き方を学ぶため、光明皇后が書写したマナー集である。もはやメールに席巻され、文をしたためる文化はなくなってしまった。鎌倉時代の人達の手紙を読んでみよう。

▼「さて、申して候し清少納言の『枕草子』書き写して候しを、人に借り失はれて候。京にはこれほどなる本も候はぬ。鎌倉へ便の申し候て、書き写し候て、とくに進《まゐ》らせ候はんとて申せ」(氏名未詳・女性)

本と金は貸すと戻ってこないといわれる。ここは人に貸した(又貸し)ところなくしてしまったとある。そして、京都には失った写本より優れている写本がない。最悪である。逆にいえば、文化が鎌倉に浸透していたともいえる。

▼「先日、お約束候し『北斗祭文』給はるべくの由候しに、未だ給はらず候の条、すでに御破戒候や……また、『頓医抄』御借用候し、返し給はるべく候」(長井貞秀書状)

長井は大江広元の子孫。貞秀は並々ならぬ教養があった。『北斗』は貸してくれ、『頓医』は返してくれといずれも急がせている。相手もだらしのない性格であったのかもしれない。相手に対して戒律を自ら破っていると皮肉っている。

手紙をテーマにした小説『ツバキ文具店』（小川糸著）がある。十三通の悲喜こもごもなる手紙をしたためていく話である。鎌倉に住む人々の様子や、飲食店、土産店が紹介されそれが手紙と深くかかわっていく。ある時はいかめしい紳士から、ある時は亡き夫から妻へ、またある時は絶縁状の手紙を依頼される。そう手紙を依頼されるのである。主人公は代筆屋こと雨宮鳩子、表の商売は地元の文具店々主。内容は本書に譲るが、手紙の一字一句が相手の心に響き、その気持ちが目に浮かぶ。手紙の力を教えてくれる一冊だ。しかし、手紙を書かない者にとっては猫に小判豚に真珠かもしれぬ。手紙の箇所をはしょって読むのは作者に失礼か（手紙も小説の一部だ）。八十三ページからやたらパンティが登場する。全編通じて七十ヶ所。詳細は本編で。この作品は二〇一七年のＮＨＫドラマ10で放送された。主演は多部未華子氏。

参『中世鎌倉人の手紙を読む』（岩田書院）

こ 好色の家

『吾妻鏡』仁治二（一二四一）年、十一月二十九日条に「下下馬橋西頬《つら》の好色の家」とある。下馬橋はＪＲの高架あたりのガソリンスタンドに石碑が残る。遊女は、①あそびめ（遊女が条件。神遊びである神事の聖の部分にも依存）②うかれめ（遊女でなくともよい。男をもてなす行為を専らとし、俗的部分に関わる）とに分けられる。定着すると不思議な霊力を発現して、川海、辻、市、駅、神社などの領域に出現する。身分は、下層民に限らず上層階級出身者もいた。また、売春的な芸能も職と認められ好色の道という。武士が鎌倉にもっていた屋敷や土地に寄宿させ生業を営んでいた。（たびたび幕府から禁令がでた）遊女は、様々な仕掛けで客をもてなす。もとは、遊女は神と人とを媒介する巫女から誕生した。神を迎えるための依代としての役割を担った。食事や酒宴の原型は神人共食であり新しい生命を蘇らせる、古い自分を捨てて新しく生まれ変わる場所であった。狭く暗い場所に神がいて神と交流する。（『舞』の項参）

源頼朝は、軍事演習と称して建久四年に富士の裾野の巻狩へ出る。そのとき、里見義成を急遽遊君別当に任じて、大磯や手越から遊女を集めた。巻狩は神事であり、殺生である。厄落としのためにも遊女を駆り出す必要があった。『令集解《りょうのしゅうげ》』によると「遊部」という葬制儀礼に従事した部民がいた。「凶癘魂鎮《きょうれいこんしず》メル氏」と説明され歌舞や性的解放の行事にも従事していた。穢《けが》れの浄化儀式と深く関係して、客の心を高めると死者や悪霊などを鎮魂する力ともなった。彼女たちが住むところは、川や海、刑場、御霊神を祀る社の近くでそこは「悪所」と呼ばれた。

「遊女」とは関係ないが、女にだらしのない好色な武士も少なくなかった。「父親が実の娘を手込めにした」「頼家が安達景盛の妻に手を出した」「吉田親清の妻が藤原保季との密懐現場を夫が目撃。その場で夫は保季を惨殺した」など『文春』のネタにされそうな事件は当時からあった。

参『中世の家と性』「恋する武士」（日本史リブレット）

こ 庚申塔（塚）

鎌倉の辻々に庚申塔が残る。中には道路整備のために寺社の一角など、他の場所へ移動させられた塔や塚もある。六十日に一度回ってくる庚申の夜には、人の体内に三尸《さんし》という虫が寝ている間に体から抜け出し、天帝にいままでの悪事を告げると信じられ、人々は一同に介し不眠の行を行った。これを庚申講、庚申待と呼ぶ。男女の同衾や婚姻も避けなければいけない。これを破って生まれたのが、石川五右衛門である。

この塔とセットになっているのが、三猿（見ざる、聞かざる、言わざる）と青面《しょうめん》金剛だ。三猿は天台宗の止観の空、仮、中の教義に基づくもので金剛の侍者という。魔よけとして境界線に建てられた。とくに疫病等地域に持ち込まれないよう対策した青面金剛（庚申待の本尊）は、憤怒相で二・四・六臂《ぴ》に武器を持ち、大蛇を体に纏い、逆髪に髑髏《どくろ》を乗せる。病魔病鬼を払い除くと信じられている。石碑中央に金剛像、上部に日月、両側に鶏、下部に山王の三猿を配した。庚申塔は村落境に内側に向けて立てられた。また、石碑の石は穢を封じ込める働きがあった。風雨にさらされて摩耗し判然としないものもあるが、なかなかあじわい深い。当時の人々の疫病に対する畏怖を物語る。

北鎌倉は鎌倉の境にあり、八雲神社には鎌倉で最も古く大きな庚申塔がある。台座には三猿が彫られ、青面金剛と刻まれた石碑が残る。五所神社にも庚申塔十五基がありここに集められたもの。また、疱瘡神なる石塔（いも石）も置かれる。このあたりは湿地帯が多く、人々が住む地域が五ケ所に分かれ、各集落ごとに鎮守の小社があった。明治時代に入り合祀され五所神社と呼ぶようになった。各切通しの入口には必ず庚申塔が建てられる。ほとんど江戸時代以降のものだが、石碑も見方を変えれば鎌倉散策の面白みである。道端の信仰にこそ人々の思いが込められているのではないか。庚申塚であればこのあたりが往時の境であることがわかる。ただし、元にあった場所から移動された可能性もあるので注意を要する。

参『庚申塔の研究』（大日洞）

疱瘡老婆の石（五所神社）

こ ゴタゴタする

兀庵普寧《ごったんふねい》は渡来僧である。一二六〇年来日。北条時頼の懇請で建長寺の住持となる。本尊の地蔵菩薩は、仏である自分より下位であるとして、礼拝しなかった。峻烈な性格の持ちぬしで、言動が固定観念にとらわれず理屈っぽく、あまり武士の間での人気はなかったようだ。時頼と初めて対面したとき、年齢を尋ねた時頼に対して、兀庵は、物事の根元のことではないと時頼の顔面を三発突いたという。すさまじい光景が目に浮かぶ。時頼の死後は、真に禅を理解する者がいないと言い、また、蘭渓道隆派(大覚派)との感情的な対立もあり憤然として五年後帰国してしまった。その後兀庵は八十歳まで長寿をたもった。もめ事が起こって混乱している様子や、話がこんがらかる事を「ごたごたする」という。この言葉は兀庵からきている。「兀庵兀庵する」が転訛したことばである。また、不平文句を言うことを「ごてる」という。これも兀庵が訛ったもの。

さて、三十四歳になる男(時頼)が、初対面の者、しかも高僧に対して年齢を尋ねるとはどういうことか。日本人は、人とコミュニケーションをとるとき、よく年齢を聞く。自分と共通点を見つけ何か共有することで、話を広げようとする。同質性ともいう。『大鏡』は、菩提講で偶然に出会った二人の翁の対話から始まる。最初、世継が自己紹介をすると最後に「さても、いくつにかなり給ひぬる」と尋ねる。二人の年齢を合わせると三百七十歳。昔語りはこうして始まるが、どうも年齢にこだわる国民である。

四十一歳になった大リーグのイチロー選手の活躍ぶりに監督は「年齢のことを話す必要はない」とコメントした。また、南米最高峰アコンカグアに挑戦した三浦雄一郎氏は当時八十七歳であった。年齢など関係ない。「老いてますます壮なるべし」(『後漢書』)。

こ 小町通り

人は、裏道とか細い道が好きだ。脇道に入ると不安な気持ちと好奇心にかられる。小径は不思議に満ちている。鎌倉駅の改札口を出ると左に赤い鳥居がみえる。それをくぐり鉄《くろがね》の井までの通りを「小町通り」という。途中、扇川に架かる橋を瀬戸橋といい、左折すると瀬戸小路と呼ばれる飲食街が続く。かつて花街も存在した。いつ来ても小町通りは雑踏喧噪である。ある作家は「褌《ふんどし》街」と愛称で呼ぶ。だれもいない通りを臨むと、まさに褌のように細長い町並みである。飲食店や土産店の、新旧ないまぜ混然一体が小町通りの特徴だ。鎌倉感があっておもしろい。正におもしろがることのできる通りなのだ。なにげなくふっと店に入ると新しい発見に出会うこともある。扇川に直接触れる場所はほとんどないが、小町通りにとけこんでよい。機会があれば是非立ち寄るとよい。スポットとは言いがたいが小町の一端がかいま見られる。人がつまらないと思うような所に実は真実が隠されているものだ。ささいな冒険心を怠ってはいけない。こうした通りも観光地なのだ。

小町通りを何本も四つ辻（十字路）が走る。また、小町通りと若宮大路の間にも小道が通る。ゆっくり廻れば半日過ごせる。「こんな所に店が……」と感動するにちがいない。ちょっとした所で魅力的な感覚を味わえる場所、それが小町通りである。本来、小町通り（実は小町大路）は、若宮大路の東側を通る道、つまり本覚寺から宝戒寺の通りをさした。鎌倉時代には御家人の屋敷が立ち並び、日蓮辻説法跡が示すように人の往来も多く、武士町人が行き交った通りである。二つの「小町道」を比べて散策するのもよい。

明治六年創業の洋傘店に、楽しいビニール傘が置いてある。ビニールとは思えぬほど丈夫な作りで傘幅も広い。傘に描かれた図柄が鎌倉土産らしい。立ち寄ってみてはどうだろう。

ころ 殺す

『沙石集』（巻四ノ十）に、次のような説話を載せている。

遁世《とんせい》した老僧が、若い尼僧と契りをむすび庵室に置いた。この尼僧は、老僧の世話をすることもなく、若い修行僧を忍んで通わせていた。尼僧は、庵室なども立派に作り、財産なども持っていた。『この老僧を殺して、若き者を語らひ、この庵室に居なむ』と考え、ある時、老僧の首を絞めた。老僧は『あら悲し。人殺しあり』とさけび、助けを呼んだ。庵主の僧がかけつけ尼を引き離した。こんな行為はいただけない。独り身の僧中蓮房から、妻を持てといわれた作者（無住）は、疑問を呈している。この時代、遁世僧が妻帯した例は多い。同じ「巻四」にこんな譚がある。

坂東のある山寺に、中風で病み寝込んでいる僧がいた。弟子は看病に疲れ果てて、看《み》なくなってしまう。そこへ、若い女がやってきて僧の看病を申しあげた所、受け入れられて心を込めて看病した。僧はその女の素性を聞くと、「かつて僧の若かりしころある女性と契った。その間に生まれたのが私である。つまり、あなたは私の父親である。看護も充分でないと聞き伝えうかがった次第である。『御孝養に心安く、あつかひ殺し奉らむ』と思い立ったのである。」これを聞いた僧は、心から志の深さが愛しく思えて、涙がとまらなかった。娘は、「心安らかに、生をまっとうしていただこう」と言って最期まで看病し、僧は安らかに息を引き取ったという。

また、親鸞の伴侶恵信尼の手紙（一二六四年）にも、大飢饉で食糧不足のとき、「幼い者ども、上下あまた候ふを、殺さじとし候ひし」としたためた。手をこまぬいて死にいたらせたりすまい、ずっと世話をしようという気持ちを表した。


参『鎌倉室町ことば百話』東京美術選書68

こ 怖い鎌倉

「鎌倉が住むと危ない所へ行き」『誹風柳多留』

異界魔界の話題に事欠かないのが古都の宿命か。鎌倉には一二四の寺社があるが、寺に限らず地縁の怪異も多い。簡易裁判所があるあたりは、昭和二十八年から三回にわたり、大掛かりな発掘調査が行われた。大小三十二の穴に埋まる大量の骨が出た。とくに裁判所の用地では千体を越える遺骨が見つかった。その中には、合戦によるものと思われる刀剣の傷が認められた。今、敷地内に無縁の発掘骨を供養する「骨塚」が設けられてある。一部は報国寺境内に祀られた。そんな鎌倉を、市は山を削り地をならしマンションや一戸建を建築していく。土地の整備の結果、思いもかけず考古学的発見につながることもある。一戸建賃貸の水道水から真っ赤な水が出たなどよく聞く話だ。

（水道管のサビか何かであろう）

比企が谷に日蓮宗妙本寺が建つ。境内は広く明るい。元比企能員《よしかず》屋敷跡といわれている。武蔵国比企郡に所領を持ち、将軍頼家の北の方の実家である。頼朝が死ぬとまもなく北条氏の陰謀によって一族は殲滅《せんめつ》された。屋敷は焼かれ炎の中で北の方（若狭の局）は、北条氏七代までも祟ってやると呪い、家宝を抱いて井戸の中に身を投じた。そして、蛇と化した局は家宝を守りつつ人々を悩ませた。それから五十七年後、執権北条政村の娘が邪気につかれた。若宮の別当を招き唱導させると、若狭の霊だという。説法の最中に「姫君、悩乱し舌を出し唇を嘗《な》め、身を動かし足を延ぶ。ひとへに蛇身の出現せしむるに似たり」（『吾妻鏡』）と。陰陽師がさらに加持祈祷を続けると、たちまちに快復したという。局が身を投げたと伝える井戸は蛇苦止井として丁重に祀られている。今でも、雨の降る日など井戸を覗くと、顔が腐った桃のようにただれ、どす黒い舌が巻出ている女の姿が水面に映るとか（邪蛇の妖怪か）。また、応永（一三九四〜一四二八）のころ、寺が戦火に遇ったとき、井戸に日蓮上人のご本尊を避難させた。すると井戸から大蛇が昇天し大雨を降らせた。おかげで本尊は無事焼失をまぬがれたという。宅地造成中でのことだったか、この近くの山裾から八寸四方の箱を掘り当てた。異様な邪悪な臭いがして、寒気と恐ろしさが襲った。が、恐いもの見たさで蓋を開けてみると、おっと、箱の中に何が入っていたかはちょっと言いかねる。

参『QEDヴェンタス鎌倉の闇〈くらやみ〉』(講談社)

㋓ 荏柄天神社

江戸時代まで荏柄《じんぺい》山天満宮といった。日本三天神の一つといわれるが、太宰府天満宮と北野天満宮と各地元の天満宮を入れていうようだ。祭神は菅原道真。堀河院の長治元年(一一〇四)八月二十五日、一天にわかにかき曇り、激しい雷雨となり、天空より一幅の天神像を描いた掛け軸が畑の中に降りた。このことを堀河院に奏上し、ここに社を建立した。また、一四五五年に今川範忠が鎌倉公方追討のため鎌倉に攻め入り、これを討つ。そのとき、荏柄天神の御神体の絵像を駿河国へ持ち帰った。しかし、ご神体は自ら鎌倉に帰ったという。里人はイチョウの木を植え禁域とし、かつ神木と仰いだ。この辺りは萱が生い茂り、「えがや」と云いそれが転じて「えがら」となった。

頼朝は大倉幕府の鬼門の守護とし篤く信仰した。

また、こんな伝説もある。保元の乱で敗れた源為朝は、伊豆大島に流された。そのさい弓が引けぬように左右の腕《かいな》を抜かれたという。配流中に肩も癒え、自分の強弓を確かめるべく鎌倉の天照山(光明寺背後の山)へ向けて矢を放った。その鏃《やじり》(矢の根)が材木座にある井戸に落ちたという。里人はこれ(十二〜十五㎝)を取り上げ竹筒に入れ井戸の守りとした。これを矢の根井(六角の井)という。さて、矢柄はさらに飛び続け大倉に落ちた。そこでこの地をヤガラといい、転じてエガラと称したという。
天神信仰は二十五という数字が大切らしい。月例祭が二十五日、道真の命日（二月二十五日）にあたる。荏柄天神社の例祭は、七月二十五日である。そもそも、道真の誕生日が、六月二十五日。。太宰権帥として失脚した日が、一月二十五日。内裏清涼殿へ落雷した日が、六月二十六日であった。京都にある文子天満宮は、天神信仰発祥の神社といわれている。文子とは道真の乳母多治比《たじひ》文子のことで、ここ（文子の屋敷と伝える）から天神信仰が全国に広まっていった。神社にある二十五枚の絵の一枚に、鎌倉荏柄天神社が描かれている。なお十一面観音は道真の本地仏といわれる。

参『天満天神』（筑摩書房）

全国天神25社絵のうち荏柄天神社（文子天満宮）

え 江戸がない鎌倉

幕府は鎌倉藩をつくらなかった。大船に甘縄藩があったが十八世紀初め廃藩となる。①源氏の発祥地（義家・頼朝の功績と神格化）であり、武家の棟梁と武家の聖地。②合戦時は必ず鎌倉から出発するのがならい。③武士としての矜持を極める霊地。このような理由で家康は鎌倉に藩を置かなかった。

京都には江戸があった。今の観光都市京都は江戸時代に作られた街である。仮に、鎌倉にも藩が出きて今の大倉あたりに城（陣屋）が建ち、若宮大路に沿って武家屋敷が立ち並び、由比が浜通りに商人屋敷が続き、材木座は寺町となり、金沢街道（滑川沿い）は農地にあてられていたら、江戸時代こそが観光インフラの重要な時代となったのではと勝手に想像してしまう。

康正元年（一四五五）に足利成氏《しげうじ》が古河に移って以降、鎌倉は政治史から消えた。政治の息吹がまったく感じられなくなった。戸田幹は『鎌倉紀行』（一六九〇）の中で「小跡をもって大事の名を奪い、好事者の言と赤子の戯れ言をもって口碑（伝説）となす」となかなか手厳しい。こうなった原因は康正から作者来鎌の間二百三十年、さらに維新まで四百十年の政治の空白が「似非鎌倉」を創り出してしまったのではないのか。

考古学からも鎌倉の断片をかいま見ることしかできない。とうてい「世界遺産」などに登録されるはずもない。今ある建物は鎌倉時代のものはないと断言できる。古都と言いがたい理由はそこにある。江戸時代に入ると鎌倉本が多数出版された。徳川綱吉が観光地として整備したというが、どれほどのものであったか疑問である。無計画に店が立ち並ぶ現在の鎌倉を除けば、江戸時代の鎌倉も大差ないのではあるまいか。

鎌倉という泥臭さも観光都市としての洗練さを欠いた。狭隘《きょうあい》な地形、七曲とよばれる小径も鎌倉らしいといえば確かにそうだが、そこに登場する「あなおそろしや八幡太郎」（『梁塵秘抄』）はまさに西部劇に出てくる荒くれガンマンのようだ。彼らは土地を求め奪い合う。鎌倉の山々が複雑にひだのように幾重にも連なっていく。どこからともなく不意に現れ徒党を組んで蹂躙《じゅうりん》していく。今、観光客がドッとなだれ込み、鎌倉を傍若無人に闊歩しかき回していく。そして、クモの子を散らすように去って行く。映画「鎌倉砦の戦い」を見ているようだ。「解決ゼロ」に期待はできないか。

参『古都鎌倉案内』(洋泉社)

え 江ノ島電鉄（江ノ電）

箱庭電車のようでかわいらしい。開通当時は三十九（明治四十三年）もの駅舎があった（現在十五駅）。距離十㎞。一九〇二年に江ノ島、藤沢間、一九一〇年に全線開通。しかし、終点は鎌倉駅ではなく小町駅で、若宮大路沿いにあった。開通予定地は山側を通る案もあったが、予算の都合で海岸沿いに変更された。そのことがかえって観光客にとって旅情をそそることになる。江ノ電といえば鎌倉~江ノ島間であり、現に江ノ島を過ぎると車内はかなりすいてくる。民家と民家の間をスレスレに走る遊園地的な気分、山あり海ありのビューポイント。路線と車道の高低差がほとんどない。線路と自宅が間近に接する御伽噺のような世界。アジサイの中を突っ走る童話の世界。何をとっても江ノ電は絵になる乗り物だ。

一時、赤字路線となり廃線を余儀なくされた。車にとって変わる時代に入っていく。TVドラマで再び脚光を浴びるや、江ノ電は多くの観光客を呼び戻した。いまや邦人より外国人の方が多い日もあるくらいだ。とくに乗降客が多いのは、長谷、極楽寺、七里ヶ浜、鎌倉高校前、江ノ島である（江ノ島駅の手前までが鎌倉市）。昔、江ノ電の車掌と踏線に住む女性と恋がめばえ結婚したというエピソードも残る。七里ケ浜の山上にあるレストランからの眺望はまさにニースの海岸かリビエラか。江ノ電周辺は、観光客を誘惑するバラエティに富んだ行楽施設といえないか。

▼「一九二九年、十二月のおわり、この青松園という海浜の療養所は、葉蔵（主人公）の入院で、すこし騒いだ。……その前夜、快ケ浦（腰越駅から江の島方面にむかう海浜）で心中があった。一緒に身を投げたのに、男は、帰帆の漁船に引き上げられ、命を取り留めた。けれども女のからだは、見つからぬのであった。……あけがたになって、女の死体が快ヶ浦の浪打際で発見された。短く刈り上げた髪がつやつやに光って、顔は白くむくんでいた。」

（『道化の華』太宰治）

作者が行きずりの銀座のホステスと投身自殺をはかった事件を題材にした私小説。小動崎（岬）から身を投げたらしい。また一九三五年にも鎌倉の山中で縊死《いし》を図った。

太宰の自殺はさておき、腰越駅で下車し、小動崎（岬）の展望台からの目前に広がるパノラマは一見の価値あり。また、ここに鎮座する小動神社の祭りは、京都祇園祭りと同系統といわれる。祇園の祭ばやしも鎌倉の小動神社を踏襲していると伝える。「こゆるぎ」とは、海に突き出した松が風もないのに小さく動いた(揺るいだ)からと伝える。古来数々の和歌に歌われた。ただし、これは大磯にある小余綾《こゆるぎ》の磯をさすもので鎌倉の小動とは異なる。

参『江ノ電各駅停車』カラーブックス(保育社)『走る歌江ノ電』(朝日文庫)

え 縁起

神社仏閣などの創立由来を説いたもので、その霊験などを記した文書を指す。とくに霊験を強調することを主目的とし、『縁起』と称した。中でも民間に伝承された古い伝説に基づき、それを仏教の教義や神道の論理に合わせさらにそれを潤色したものである。しかし、必ずしも出所不祥の捏造ともいえない。そこには何ら創建者と関わりが見え隠れするからだ。

◎長谷寺（浄土宗）

養老五年（七二一）に徳道上人が、一本の楠の霊木から二体の十一面観音像を造り、その一体を大和長谷寺に祀り、もう一体は縁のある地に流れ着くようにと海に流した。十六年を経て六月十八日、三浦の長井浜に漂着した。その時、海面が光り輝いたので山号を「海光山」と命名。本尊は牡蠣殻をまとって漂着したという。この牡蠣殻を集め、稲荷として手厚く祀った。「十八」という数字は、阿弥陀仏が一切衆生を救うために発したという四十八願中、第十八番目を指し、浄土教の中心となっている。

長谷を「はせ」と訓むのは大和初(泊)瀬寺が川沿いの渓(谷)口部の集落にあり、長い谷部となっている場所に寺があったため「ハセ」といったもの。

◎江ノ島（江ノ島神社）

開化天皇（九代天皇）のころ、ある夜、雷鳴して天地が激しく揺れ動くと、黒雲の間から童子を左右に従えた弁財天女が立ち現れた。同時に、天より土石が降り、海水から砂石が吹き上がり、みるみるうちにそれが一つの島となった。ここに弁財天女が降臨した。その場所は天女影向《ようこう》の古迹《こせき》といわれた。聖天島といってやや大きな岩のあるところをいう。今は倒壊防止のため鉄の網が張られてある。北条氏の時代は島民は他へ移住できなかった。霊地、霊島としての保護のためであり、違反者は打ち首となった。

鎌倉が天台山（一四一．三ｍ）を中心に都市計画がなされたことは先述した。江ノ島にも天台山があるのをご存じだろうか。奥津宮の鬼門にあたる。登ることはできないが山頂に稲荷社が鎮座する。

参『中世都市鎌倉のはずれの風景』(江ノ電沿線新聞社)

て 庭園

京都に比べると見るべきものは少ない。庭園が盛んになったのは、書院造りが流行した室町時代以降であり、文化は西へ移っていった時代である。庭園は独自で発展したものではなく、建築・茶の湯・華道・禅宗などセットとして見ていくべきである。

庭園は果てしない世界から小盆栽、さらに人の心までも表現できる「婉曲的宇宙」である。それをどのようにとらえるかは、庭園だけを切り離して観てはいけない。なぜなら、室の中程より茶を一服しながら、一瞬視界に入る庭園こそ造園者の心がかいまみえるからだ。といって、庭園の正しい見方などない。もともと「廷」とは、天子が諸官に引見する庭のことだった。鎌倉の庭園の特徴は、特殊な地形と関係する。

a七口に面した庭園

b谷 に建つ

cやぐらを庭園に取り込む

d鎌倉石と水〈井戸・名水〉の関係

e禅宗様式の寺院

鎌倉庭園の最大の特徴は、bとcである。一七〇七年の富士山噴火によって多く埋もれてしまったが、鎌倉庭園は原型を残す。その原型を私たちは観ているのだ。京都の庭園のように手を加えず整備せず荒々しいままの庭園を提供している。

a亀ケ谷↓海蔵寺

朝比奈↓報国寺、瑞泉寺

名越↓光明寺

巨福呂坂↓円覚寺、建長寺、東慶寺、明月院、浄智寺

b露地庭園↓東慶寺、明月院

山門周辺の池↓鶴岡の放生池、円覚寺の白鷺池《びゃくろち》、浄智寺の甘露池

草木低木の植生↓瑞泉寺、海蔵寺、東慶寺

苔↓妙法寺、杉本寺、円覚寺

c谷の尾根を垂直に削った崖に、穴を刳り貫いたもの。墓、供養塔とした。玄室の壁に五輪塔、仏像を安置または彫られる。もともと墓であった場所を庭園にするという発想は、観賞することによって死者を弔う意味が込められている。

d鎌倉石は火に強く雨や摩擦に弱い。摩耗しそこに苔が着きやすい特徴がある。↓妙法寺

井戸や名水は鎌倉の庭園と深く関係している。甘露水↓浄智寺、金竜水・不老水↓建長寺、つるべの井↓明月院、底抜けの井・十六の井↓海蔵寺

参『鎌倉の庭園』(神奈川新聞社)

㋢ 寺

鎌倉市内の寺院の内訳は次の通りである。

宗派	数	開祖	代表寺院
天台宗	2	最澄	杉本寺（杉本観音）
真言宗	15	空海	青蓮寺（鎖大師）
真言律宗	1	忍性	極楽寺
臨済宗	14	栄西	建長寺
曹洞宗	2	道元	黙仙寺（大船観音）
浄土宗	13	法然	高徳院（大仏）
真宗	1	親鸞	成福寺
時宗	7	一遍	来迎寺（二寺）
日蓮宗	28	日蓮	安国論寺（松葉谷小庵）
累計	83		

寺の解字は、西域から来た僧を鴻臚寺《こうろじ》という接待所に泊めたことから寺を仏寺の意味に用いた。もと雑用を司る役所のこと。瑞泉寺山門に「蘭若《らんにゃ》」の文字が掲げてあるが寺のこと。各寺院の詳細はガイドブックなどを見ていただくとして、興味深いのは廃寺跡である。多宝寺跡（扇ガ谷二丁目）に現在は文京区から移転した日蓮宗妙伝寺が建っている。奥に入るといくつかやぐらが確認できる。付近一帯に二十数穴のやぐらがあり、多宝寺がかなりの大寺院であったことを裏付ける。山の上には高さ三・二六mの覚賢塔がある。浄光明寺が管理しているが、建立当時

は二字が伽藍を並べていたのであろう。道を戻る途中に東林寺跡があり、現在は墓地となっている。奥に進むと舟形やぐらという珍しいやぐらがある。周りには数穴のやぐらが遍在している。(見学はくれぐれも粗相の無いように)『沙石集』「説話拾遺」によると、金色の地蔵を安置したこと、塔があったこと、地蔵堂が朽ち果てていたことなどがわかっている。

また、日蓮宗寺院が最も多いのにおどろく。臨済禅の倍である。日蓮の松葉ケ谷法難があったとされる御小庵が三ケ寺ある。苔寺で有名な妙法寺、立正安国論を綴った安国論寺、もと本圀寺があった長勝寺である。いづれも我が寺が日蓮上人が住まいされた小庵と主張しているが……。

北条泰時の末子泰次（法名成仏）は、北鎌倉の外れに成福寺を建立した。鎌倉で唯一の浄土真宗の寺院である。はじめ天台宗の僧であったが、のちに親鸞に帰依して本寺を開いた。本堂の裏手にある亀の窟で念仏修行をしたといわれる。本尊(阿弥陀如来立像)の脇壇に安置された聖徳太子立像は、親鸞から授与されたものという。親鸞は比叡山から下り太子堂（京都六角堂）で百日間のお籠もりののち、真宗を開けとの夢告があり、以後真宗寺院には必ず聖徳太子像を祀ることになった。北条高時の実弟成円は寺の四世となったが、幕府滅亡後追放された。一六一二年、十一世 西休によって再興された。

参『鎌倉の仏教』(鎌倉春秋社)

㋢ 伝説

多くの奇譚を収録した『沙石集』の作者が「今現在の事件を書き留めるので、場所や名前を遠慮して隠すことがある。それらは不明ということではない。たしかのことどもなり」と断じている。怪奇譚(伝説)などは、一見馬鹿馬鹿しい話に思えるだろうが、鎌倉はそんな話の宝庫である。日蓮が竜の口の刑場でまさに首を刎ねられようとした時、江ノ島の方から光り輝く球のような物体が、首斬り役人の太刀にあたり刃は折れ、侍の目はたちくらみ処刑を執行できなくなった。ために幕府は罪一等を減じて流罪とした。稲妻が走ったとも。

元治元年（一八六四）、イギリス士官の二人が、下馬の辻にて攘夷浪士に殺害された。犯人は捕まらず、遺体のみ本国に送られた。イギリスでは、殺害された一人の眼を取り出し、写真に撮ったところ、犯人の姿が写し出された。日本に対して賠償金を支払うか、犯人を引き渡すかを要求してきた。幕府は犯人を捕らえて首を刎ねたという。写真に写った犯人を幕府役人に見せたのだろうか。この事件は当時の「ロンドン新聞」にも掲載された。

町の局という大金持ちの女がいた。その局に仕える女童は、日ごろ念仏を信じていた。ある年の元旦に、女童が「ナムアミダブツ」と唱えてしまった。女主人は、元旦そうそう縁起でもない。人が死んだように念仏を申すとはと言って、銭を赤く焼いて女童の頬に当てた。しかし少しも痛みを感じなかった。主人は年の始めのお勤めをしようと、ご本尊を拝むと頬に銭の形が黒く付いている。昨日女童の頬に付けた場所と同じ所であった。驚いた局は、女童を呼んで頬を見ると少しも疵《きず》がない。自分の仕業を恥じ、本尊の頬に金箔をおしたが、何度塗っても疵は消えないという。光触寺本尊の頬焼阿弥陀如来像である。『縁起』では、女童ではなく法師で、盗みの疑いをかけられ法師の頬に焼きゴテを押されたことになっている。

伝説の淵源は定かではない。近世社会の創造力が生み出したもの。ゴシップ記事と同じく、わずかな風聞風説に基づき逸話を生み出す。そして、噂話が書き留められ説話となり物語となる。事実と虚構は紙一重。

参『鎌倉伝説散歩』（河出書房）『鎌倉歴史とふしぎを歩く』（実業之日本社）

あ 青砥《あおと》藤綱

これも時頼のころの話。『太平記』によると、出仕した帰り十文の銭を滑川に落とした藤綱は、夜中家来たちに五十文で松明を求めさせて落とした銭を回収させた。四十文の損失を人々は小利大損だと笑った。藤綱は、松明の代金は世に流通するが、落とした十文は天下の損失にあたると諭し彼らを感服させたという。

藤綱は伝説上の人物かもしれないが、時頼が、銭洗い弁財天で巳の日を福徳が得られる縁日として、自ら銭を洗い祈願した話も、貨幣経済の世になり貨幣流通の意義と重要性を訴えたものであろう。

金沢街道青砥橋バス停付近に藤綱の邸宅があった。『弘長記』によると、伊豆国大場《だいば》の人で、父が上総国青砥に所領を持ち、妾腹の藤綱は出家して学問に励んでいたところ還俗して時頼に仕えて評定衆の一人となった。質素倹約、私利私欲なく、廉直正直、ときに時頼を諫めたこともあった。為政者の心構えとしてあえて架空の人物を作り上げたのかもしれない。さて、鎌倉には五十近くの川が流れている。滑川は市内で最も大きな河川である。河口は今よりも広く、宋船から下した荷を高瀬舟に積み琴弾橋（蛭子神社近く）まで遡上できたという。河底には櫓の跡が残っている。この川には六つの異名があり、上流から

胡桃川	十二所～浄妙寺。胡桃樹が多くあった谷名から。
滑川	浄妙寺門前辺り。
座禅川	大御堂橋付近。文覚上人がこの近くで座禅を組んだことに由来。
夷堂川	東勝寺橋～本覚寺付近。付近に夷堂があった。
墨(炭)売川	一の鳥居辺り～延命寺横。
閻魔川	閻魔橋～河口まで。新井閻魔堂(現円応寺)があった。

滑川は、全長七、六㎞、途中二階堂川や扇川、逆川などが合流する二級河川。源流は、朝比奈切通しの谷奥にあり、命名は、川底が青苔で滑るとか、岩の上を水が流れるからといわれる。

参『弘長記』(群書類従)

あ 悪源太

「鎌倉の悪源太義平」「横山の悪次、悪五の兄弟」「頼朝の麾下に悪四郎三浦義実」「悪七兵衛景清」「悪禅師公暁《くぎょう》」。本来は悪逆非道の意味に用いていたが、挙動が猛々しく荒々しい、剛毅勇敢の意味に用いた。(「三浦荒次郎」「鬼武者〈頼朝の幼名〉」も同様である。)他人から付けられたあだ名であろうが、自らも名乗り不名誉の名前という意識はなかった。むしろ強さをたたえた異名である。始めは「あし」と呼んでいたらしいが、のちに字音で「あく」と呼ぶようになった。(公暁を「こうぎょう」と訓む学説あり)

義平は十五歳のとき叔父の義賢を、武蔵国大蔵の戦で討った。度々の合戦に一度も不覚の名をとらなかったという。そのときより、悪源太と呼ばれたらしい。その後、保元の乱が勃発し父義朝は左馬頭となる。しかし、清盛に比べ低い地位に不満を抱くようになる。保元の乱より急速に台頭してきた藤原悪右兵衛督信頼は、源義朝を誘って平清盛、藤原信西の打倒を謀った戦いが平治の乱である。そのとき、活躍したのが義朝の嫡男義平である。寄せ手の大将平重盛もすんでのところで討たれそうになった。激戦であったが、やがて友軍敗走ののち一時美濃に逃れたが再び京都にもどり、一人平家の本拠地六波羅へ乗り込み、清盛の首をねらうも、ついには捕縛された。翌日、六条河原にて斬首された。享年十九。首打役の難波経房に、「悪しく斬るならば、いずれは雷になって蹴殺してみせる」といい、振り向きざまに睨み返したという。経房は八年後、清盛が布引の滝の見物に行ったとき落雷にあって微塵となり横死したと伝えている。

悪は、超人間的な力や神霊に由来して対象化されるものであったが、鎌倉後期に出没した「悪党」と呼ばれる集団は文字通り「悪者」の意味で、夜討ち、強盗の類とした武装集団であった。かれらはしだいに幕府を脅かす存在となり滅亡の起因となった。

参『保元平治物語』(日本古典文学全集/小学館)

㋐ アジサイ

「魔が差して浮気がばれて女房に青くなったり赤くなったり」アジサイは土質により色が変化する。最近は品種の改良で鮮やかな色の花も多い。古くは『万葉集』橘諸兄《もろえ》の歌に、

「あぢさゐの八重咲くごとく弥つ代にをいませ我が背子見つつ偲ばむ」

と昔から知られていた。歌意は、次々と彩りを変えて新しく咲く紫陽花のように、いつまでも元気でいらしてください。花を見るたびにあなたのことを思っています、という恋の歌である。

「あづさゐ」がもとの名ともいわれる。「あづ」は集める、「さゐ」は真の藍を意味する名前だ。しかし、アジサイは陰鬱なイメージをもつ。水分をよく吸い、日当たりの悪い裏庭や古寺に植えられることが多い。鎌倉は谷と谷の間に水が流れ、湿潤な土地である。伊豆諸島では、この葉を便所の落とし紙として使用していた。梗の字をあてるのはこのためである。また、葉には毒性がある。曼珠沙華(彼岸花)も、田のあぜや墓地、便所の裏に自生し縁起のよい花ではない。アジサイは「高慢、香りも実もない、死をイメージする」花言葉があり、女性への贈り物や病気見舞いにはふさわしくない。日本固有の花で、鎌倉時代以降は園芸品種として栽培された。もともとヤマアジ

サイ、ガクアジサイが主であった。幕末のころシーボルトがアジサイの苗木を持ち帰り品種改良し、のち日本に逆輸入され各地に広まった。鑑賞用としては、西洋アジサイが主となり明月院、長谷寺、東慶寺、光照寺、あるいはまた、江ノ電の路線沿いや路地裏に、人家の庭先においても見ることができる。アジサイはユキノシタ科の落葉低木である。市内に「雪の下」という地名があるが、二、四、五丁目にある谷の奥にもアジサイの穴場がある。かつて極楽寺駅近くに「ろるたんしあ」という食事処があった。フランス語(hortensia)でアジサイの意味である。レイモン・ペイネの描いたワインラベルが思い出される。坂を上ると成就院という真言宗の寺院があるが、石段脇に咲くアジサイは、『般若心経』の字数(二百六十二)と同じ株を植える。

参『鎌倉/花の散歩道』(山と渓谷社)

さ 材木座

鎌倉七座のひとつ材木座は、木材を扱う商工業者組合が置かれたので地名となった。山の手にお住まいの方から「ゼーセクザ」とヤユされるらしい。だが、鎌倉時代は一大商業地域で極楽寺が管理運営していた。また、付近は禁漁区域でもあった。泰時が人工の港「和賀江島」を築港した浜で、『海道記』には、船数百艘が浮かんでいたと記す。幕府は商工業者の独占組合(座)を設置した。江戸時代に入ると漁業が盛んとなり良い漁場があった。現在、往時のおもかげはなく閑散としている。土地も低く鎌倉時代には湿地帯も多かった。

滑川はかつて材木座よりに蛇行していた。稲村ケ崎があるため、富士山が隠れてしまうのも、鎌倉に住む人たちにとっては土地の優劣を図るものらしい。しかし、観光地としては見逃せないエリアだと思っている。元八幡(由比ノ若宮）から音松稲荷を経て、来迎寺、九品寺、補陀洛寺へむかう小道は捨て難い散策ルートである。道が七曲のように蛇行するのは、昔湿地であったところを縫って歩いた名残であろう。材木座一・三・五丁目は砂泥地で葦が生い茂っていた。浜から小町大路へ抜ける道に面して、店名にもなっているそば処「土手」付近はやや高くなっていて堤防の役目を果たした。光明寺まで来ると視界が大きく広がり、鎌倉最大の山門が目に入る。寺の裏山を登ると展望台があり、目の前に相模湾を臨む。市街地や富士山が眺望でき、夕景は絶景である。（ここは神奈川景勝五十選のひとつ）

日本人は「地縁」を大切にする。もちろん住みやすさ、利便性、展望など住まいにこだわる人は多い。都鄙の差異ではなく「地縁」なのだ。宝戒寺背後にある葛西ケ谷は、葛西清重邸にちなむ谷名である。清重は幕府重鎮として活躍していく。下総国葛西荘（東京江戸川区南部）を本拠地とする。今は都会のベッドタウンとして人気がある。葛西は江戸時代に入ると肥溜め集積場となり、江戸庶民の肥をすべて収集した。江戸の人から住まいを尋ねられて「はい葛西に住んでます」と答えると笑われたという。葛西といえば肥、肥といえば葛西といわれた。しかし、ここで収穫される野菜は天下一品で、江戸の最大生産地であった。ときの将軍様も召し上がったのである。

参『鎌倉路地小路かくれ道』（実業之日本社）

㋚ 笹竜胆

鎌倉市の市章である笹竜胆紋は、武家源氏の紋所とされているが、もとは村上源氏や宇多源氏の代表紋であった。帝に多くの皇子が誕生し、成人すると源か平をつけて臣下に下ろしてしまう。これを賜姓源氏と呼ぶ。桐壷帝と桐壷の更衣の間に生まれた御子も臣下とし源姓を与えた。『源氏物語』の主人公の名は「光り輝くような源の某」である。また光源家とは言わない。

多くの賜姓源氏のなかでも、村上、宇多、嵯峨、清和の四大源氏が用いたため代表紋となった。武家源氏であるならば、白地無紋であろう。のち、新田氏、足利氏は白地の下に引き両を定紋とした。

家紋の由来の一つに、信仰的な意味を持たせたものがある。祖神帰依、神社仏閣崇敬、仏教的な信仰など、家の御守紋としての精神的拠り所から成り立った紋が多い。そこから霊力をもたらすと信じられていた。三鱗紋は神竜の鱗、七曜紋は北斗七星、妙見菩薩信仰などはまさに守り紋所であろう。竜胆は煎じて飲むと健胃剤として効くところから、再生の薬として知られていた。諸国に散らばった源氏はそれぞれの地で挙兵して平氏を倒していくまさに再生の象徴である。

笹竜胆は笹＋竜胆の紋ではない。竜胆の葉の形が笹に似ているところからそのように呼ばれた。笹紋は別にある。市の紋章はもと鎌倉山にかかる枕詞「星月夜」から、月に星を配した形を用いていたが、戦後今の市章に改めた。源氏の代表紋として、源頼朝の幕府草創の地たることを誇ろうとしたものである。

大町に佐竹屋敷跡の石碑がたつ。この地に祖先の新羅三郎義光が住み、その末裔である佐竹四郎秀義が代々館を構えた(大宝寺一帯)。秀義は奥州征伐のとき初めて頼朝に会見した。そのときの旗印が頼朝と同様白旗であったので、頼朝から「五本骨の月丸の扇」をつけるようにといわれた。これが佐竹氏の家紋となる。月丸とは扇の中央に円を描いたもの。

(『一生懸命』の項参)

さ **佐助**

真田十勇士の猿飛佐助ではない。頼朝は伊豆に配流中、夢枕に稲荷の神霊が現れ挙兵を促した。平家一門を討ち滅ぼした後、神霊の加護に感謝し社殿を建立した「佐助稲荷」をいう。鎌倉時代からの地名である。右兵衛佐《うひょうえのすけ》(頼朝)を助けたから名づけたとも、上総介・千葉介・三浦介の屋敷があったので「三介ケ谷」と呼ばれていたのが転訛したともいわれる。いずれにしても珍しい名前である。主祭神は、宇賀御魂命である。ほか三神。宇賀(迦)は「うけ(穀物)」の転訛で、穀霊である稲を神格化した神である。本来は、農耕神であるが、のち殖産興業、商売繁盛の神とされた。稲荷神社の総本社は伏見稲荷である(主神は倉稲魂神《うかのみたま》)。仏教の荼枳尼天《だきに》と習合し諸願祈請の神と仰がれ、狐を霊獣とする。稲荷は稲生《いねなり》の転訛。荼枳尼天は稲荷権現として狐を精とする夜叉の類で、人を害する鬼女として恐れられるが、非常な恩恵をもたらすといわれる。鉄《くろがね》の井の近くにある志一稲荷は訴訟文書を筑紫国に忘れた志一上人は、狐を使って一晩で取り寄せた。狐は息絶えた。訴訟に勝った志一は狐を神として祀り創建したという。また、上人は細川清氏に招かれ、荼枳尼天に己の野心成就と政敵呪詛を祈った。

佐助稲荷の縁起には、鎌倉時代中頃、疫病が流行ったとき、佐助稲荷の神が奇瑞を現わし、薬草の種を蒔くと、みるみる成長して、その葉を煎じて人々に飲ませるとことごとく治癒したと伝える。材木座にある光明寺にも同じような伝説がある。(境内にある繁栄稲荷大明神は、佐助稲荷からの勧請)

境内右側の岩屋に霊狐泉という清水が湧いている。この清水を沸かしてお茶をいただくと、瑞兆があると伝える。朱塗りの連なる鳥居を戻り、最初の道を左折ししばらく進むと銭洗い弁財天の上に出る。ここが本来の参道であった。今は昭和三十三年に掘った随道を抜けて入るが、中世以来の道から入るのもよい。ご神体は、宇賀福神。人頭蛇身像で水の神といわれるが、ここも穀霊神と結び付いている。稲荷神と弁財天はもとは同一神ではなかったのか。

頼朝の夢枕に老翁が立ち、この場所を教え、ここに神を祀ると国内も平穏に治まると告げたという。佐助稲荷と似た伝説が残る。銭が増える信仰は時頼の時代かららしい。尚、将軍は更送の際佐助に泊まることが恒例であった。

参『稲荷信仰』（雄山閣出版）・（塙書房）

さ 山号

寺名に冠する山の称号で、寺の所在の山名を冠して呼ばれた。もともと寺は修行、祈祷の道場であり、山中の清閑な勝地を選んで建立された。例えば、延暦寺は比叡山寺、金剛峰寺は高野山寺と称したように、山号をもって寺名とした。よって山といえば延暦寺をさした。鎌倉時代に入ると、禅宗寺院が創建され南宋寺院の左右対称の伽藍《がらん》配置をまねた。また中国五山の一字「径山《きんざん》万寿寺」を模したといわれる。そして、たとえ山がなくとも、その伝統を受け継いでいった。鎌倉中には変わった山号の寺院がある。

人名からとった山号	石井山長勝寺／行時山光則寺／四条山収玄寺／楞厳山妙法寺／恵雲山常栄寺など
同名山号	稲荷山（浄妙寺／別願寺）竜口山（輪番八ヶ寺）。天照山（東光寺／光則寺／千寿院／蓮乗寺）など
龍伝説に因んだ山号	竜口山（輪番八箇寺）／金龍山宝戒寺／龍王山霊光寺／円龍山向福寺／龍護山満福寺など
谷を冠した山号	泉谷山浄光明寺／亀谷山寿福寺／扇谷山海蔵寺など
奇瑞を表す山号	瑞鹿山円覚寺／海光山長谷寺

私たちは観光で寺院を訪れても、山号までは気にとめない。ぜひ山門をくぐるときに山号を見てほしい。寺院をのぞく小さい窓—寺院成立に見逃せない小さな歴史である。

明治十五年測量陸軍迅速図をみると、江ノ島から和賀江島までの地形が龍の形状となっている。龍伝説の多い腰越あたりが龍の口（やや口を開いている）となり、東から西へ龍の体が這っているようにみえなくもない。古代人は、鎌倉の地を龍の形状とわかっていたのだろうか。また、付近は雨乞いの地でもあり、雨を司る八大龍王に基づく山号（龍王山）もある。深沢には大蛇伝説もあり、日本では大蛇は龍と同格視されている。

円覚寺の開山無学祖元（仏光国師）は、落慶開堂の日に白鹿の群れが現れ、開山国師の説法を聞いたことにより山号を「瑞鹿山《ずいろく》」としたという。建長寺第十世一山一寧が扁額の巨福山の巨の字に「丶」を加え巨とした。（「百貫点」の項参）護良親王の遺児日叡は、幼名を楞厳丸《りょうごん》、房号を妙法房と称した。この地にあった本圀（国）寺（長勝寺ともいわれる）が京都に移されてのち再興開山となり楞厳山妙法寺と号した。

㋖ 喫茶養生記

建保二年（一二一四）二月四日（源実朝二十三歳）
「将軍家実朝いささか御病脳。これもしは去夜、御淵酔《ごえんずい》の余気か。ここに葉上僧正（栄西）御加持に候ふずる所、このことを聞き、良薬と称して、本寺より茶一盞《きん》を召し進ず。しかうして、一巻の書を相副へ、これを献ぜしむ。茶徳を褒むる所の書なり。」『吾妻鏡』
五臓に対する茶の効能、茶の栽培・製法を説き、五病に対する桑の効能について記してあり、冒頭に「茶は養生の仙薬なり。延齢の妙術なり」とあるように、かつては薬として用いられた。本文の「一巻の書」は『喫茶養生記』（寿福寺蔵〈国重文〉）をさす。

漢学者の伊藤四十二《よそじ》が定義するところの茶は、「人の健康の保持増進と疾病の治療を目的」としたいわゆる薬学の書であった。茶と桑の薬用効能を合わせ説いたところから、室町時代には「茶桑経」とも呼ばれた。唐代に書かれた陸羽の『茶経』にも経の文字が用いられている。経とは学問・宗教上のよりどころとなる基本的な書物をいう。『茶経』の中に「茶は高雅な遊び」とあるように、茶を喫することが次第に洗練されていく。

京都五山のひとつ建仁寺（開山栄西、開基源頼家）では「四つ頭《がしら》の茶会」が開山生誕日に催され、茶は鎌倉でも禅宗の間に広まっていく。栄西は寿福寺を開き、幕府の帰依を受けた最初の禅僧となった。一方台密の権威でもあった栄西は、禅寺でも禅密兼学が行われていた。中世の禅僧は、学問のほか政治の足りない部分を輔弼《ほひつ》する役割も担った。こうした中で茶は有力御家人の間にも浸透していった。

千宗旦の門人、山田宗徧《そうへん》を祖とする宗徧流茶道が金沢街道沿いにある。京都西賀茂にあった一条恵観《えかん》荘茶室止観亭を、昭和二十四年に宗徧流家元によってこの地に移築された。今、見学もできるようになっている。庭内は広くとくに紅葉の時期はみごとである。康成の『千羽鶴』の舞台ともなった円覚寺の仏日庵で、毛氈《もうせん》が敷かれた長台で抹茶をいただけるが、私のおすすめは、雪堂美術館のお茶室である。ここはもと東慶寺の寺域で、喫茶室からガラスごしにやぐらをのぞむことができる。

作庭家の重森三玲（一八九六〜一九七五）は、「茶は宇宙を飲む」と言ったが、その境地に入ることは容易ではない。

（『鎌倉の喫茶』の項参）

参『中世の喫茶文化』（吉川弘文館）

き 弓馬の道

中世の武士道のこと。弓箭《きゅうせん》の道とも。絵巻物をみても乗馬しながら弓を射るのが基本で、荒馬に乗りこなせるのが一流の武士として認められた。馬は、成馬しかも野生の馬を捕らえ、落馬せぬように乗りこなし人馬一体となるまで慣らす。とくに奥州馬は最高級の馬でポニーほどの大きさに甲冑を着た武士を支える力があったという。

「家門の繁昌は弓箭の面目と喜び給ふ」『平治物語』。「弓馬の芸に任せて、速やかに賊徒を追討し」『平家物語』。このように弓馬の道は武士の魂であった。工藤景光は、富士の狩場で大鹿を逸し、これが元で没してしまうほど、彼らにとって弓の失敗は許されなかった。落馬などもってのほかであった。源為朝の弓は十八束、長さは八尺五寸、三人張りといわれる。「吾ガ朝無双ノ弓矢ノ達者ナリ」『吾妻鏡』と称されるように、一度に三人の武者の胴を射貫いたという。命中率九割六分。平治の乱で破れ両肩の腱を抜かれ流罪となった後も、弓の威力は変わらず伊豆七島を制圧してしまう。(『平治物語』)

軍の勝敗は馬術の巧拙でも決定される。切り合いはせず馬を押し並べて組み合って落とした。次に相手の上に乗り腰刀で首を切り落とす。武士は剛力でなければならなかった。

『徒然草』にも「双なき馬乗り」の話、「競馬《くらべうま》」の話など馬は祭や日常生活に欠かせない家畜であった。家の中に馬小屋をつくり、馬の腹を布で包み込み天井から吊るした紐で支えて馬に負担を与えないように世話をする。馬は大切に扱われていた。

頼朝が富士の巻狩を催したおり、子の頼家が初めて鹿を射た。そのとき三人の弓上手工藤、愛甲、曽我の御家人に矢口の餅を賜い、山の神に感謝する祭りを行っている。武士にとって狩は軍事演習を兼ねていた。こうした伝統が今日「流鏑馬《やぶさめ》神事」として鶴岡八幡宮などに伝わる。かつては多くの流派があったが今は三浦流、武田流、小笠原流の三派が残る。流鏑馬、笠掛け、犬追物を馬上の三つ物という。

参『流鏑馬』(立原正秋)

㊔ 切通し(七ロ)

鎌倉は三方を山に囲まれているため、市街地へ入るときには山境を越えるしかなかった。これを整備拡張したのが切通しである。その名のとおり山を切り開いた道である。一般に七切通しといわれているが、実際は抜け道のような切通しもいくつかあった。

切通しあたりの地域は北条一族の屋形で占めている。また、境に造られたので、非人や病人などがたむろしていた。とくに極楽寺坂は、忍性がかれらに施設を提供して厚く保護した。すべての切通しはかなり高い所を通っていた。頼朝が鎌倉へ入る以前から獣道、あるいは間道であった道を整備したもの。また、敵方の侵入を防ぐために置かれたとされる置き石は、実は崖の崩落によってできたものである。はたして、切通しが軍事的な意味合いをもっていたことは不明。要害の地鎌倉という定説は考古学的に裏付けることはできないとされる。復元図をみると整然とした市街地ではあるが、源氏将軍当初はもっと雑然とした町であったと見たほうがよい。

朝比奈	六浦とを結ぶ。安房国朝夷郡を領地とする和田氏の旧地に由来。義秀（伝母巴御前）が一夜にして切り開いたという伝説がある。
名越坂	難越と呼ばれた険路に由来。まんだら堂やぐらは必見。
亀谷坂	亀返坂。亀が坂を上る途中あまりの急坂でひっくり返ったことが由来。建長寺に棲む亀がたまには外をみたいと坂にさしかかったとき、あまりの急坂に諦めて帰ったので「亀帰り坂」といった。坂の途中に僧侶の治療所「延寿寺跡」がある。
化粧《けはい》坂	気和飛坂。険しく傾斜の急な坂が由来。他に、遊女屋敷があったという伝説起源説や、平家の侍の首に死に化粧したという説。
巨福呂坂	「ふくろ」は水に囲まれた袋状の地形で低湿地を意味する。旧道は八幡宮車祓い所の正面坂道。
大仏坂	大仏が出来て以降の名称。明治十二年人力車を通すようにしたが難儀な坂道であった。
極楽寺坂	忍性が獣道を新しく造道した。成就院の反対側の山（西方寺跡）沿いに痕跡が認められる。当時は成就院と同じ高さ。

私のおすすめは、常楽寺から多聞院へむかう途中にある切通し。多聞院から六国見山への途中にある長窪の切通し。青蓮院から江ノ島道を通る途中の道。今は塞がれているが覗きこむことはできる。いずれも往時の面影を残す旧道である。

参『鎌倉の史跡』（かまくら春秋社）

長窪の切通し（大船）

㊥ 由比が浜

稲村ケ崎から材木座までの総称。全長三、二km。互いに助け合う労働組織（漁業）を「結」と呼称するところから地名となった。鎌倉時代は前浜とも呼んだ。『海道記』にみえるように、多くの船が着岸し、倉庫も設備された貿易港であり豊洲のような生産活動の地となった。滑川から西に六百mほど行くと、稲瀬川の河口にでる。『万葉集』に「ま愛《かな》しみさ寝に吾《わ》は行く鎌倉の美奈能瀬川（水無瀬川）に潮満つなむか」と、妻問いに行く男の歌はこの川を指している。いにしえの頃にここで和歌のやり取りがあったことを思うとなんとも感慨深い。初期の鎌倉時代にはこの川が西の境界とされた。軍兵を京都に出陣させるときは、必ずこの場所を出発起点とした。政子が初めて鎌倉入りしたとき、日柄が悪いというので近くの民家に一泊させている。

一方、中世を通して血なまぐさい戦闘の場ともなった。そこは、倉庫のほか武士の住まいとなり、また墓地としても利用された。昭和二十八年からの発掘により三十二ヶ所の穴よりおびただしい人骨や牛馬の骨が出土した。（『怖い鎌倉』の項参）天保十四年（一八四四）、「骨塚」があったが、宅地造成工事のさい破却されてしまった。その後、敗死者の供養碑が「鎌倉簡易裁判所」の敷地内に建てられた。

江ノ電の和田塚は元「無常堂塚」と呼ばれ、古墳群のひとつであった。ここも道路新設工事のため一部切り取られた。一二一三年和田合戦（建保の乱）の激戦地帯で戦没者をここに葬ったとの言い伝えが残る。

建保元年八月十八日。「実朝、御所南面に出御。丑の刻、夢のごとくにして青女《あおおんな》一人前庭を走り通る。しきりにこれを問はしめ給ふ。つひにもつて名乗らず。門外に至るのほど、にはかに光り物あり。」『吾妻鏡』

その後、幾度か怪異がおこり、和田一族の霊のうわさもたち、幕府は招魂祭を執り行った。浜に戻ると空高くトンビが回る。音もなく頭上から襲ってくる。うっかり食事もできない。トンビがねぐらに帰るころ「ほら、背後から甲冑姿の武者の手が……」

学生のころ、夏の日アイスクリームを食べながら「ああ桓武天皇にも食べさせたい」と咳くとそばにいた母が爆笑した。

ゆ 雪の下

一一九一年二月十七日鎌倉に十五㎝の積雪があった。頼朝は鶴岡の別当坊にて雪見をし、この間、佐々木、堀に命じて、山辺の雪を取って長櫃《ながびつ》に入れて氷室を構えた。炎暑を払うためという。その氷室が雪の下の地名となった。今の近代美術館別館の裏当たり(二十五坊のひとつ静慮坊南谷雪奥)といわれている。頼朝は、富士の雪を鎌倉に運ばせたこともあったらしい。日本の夏、とくに太平洋側は蒸し暑く、なかでもこの時期の冷たい食べ物は貴重であった。『枕草子』にも「上品なもの、削り氷に甘葛《あまずら》(アマチャヅルのこと)を入れて、新しい金椀《かなまり》(金属製の椀)に入れたもの」と記している。かき氷のはしりである。当時、下々の口にできるものではなかった。せいぜい冷水をかけた水飯だろうか。京都の北に氷室という場所がある。周囲十m、深さ三mの穴を掘り、草を厚く敷き、その上に草葺きの小屋を建て、冬場に近くの池に張った氷を切り出し保管していた。たぶん、鎌倉の雪の下にもこの構造に近い氷室があったのではないか。ただし、鎌倉には氷池と呼ばれる池はないので、専ら積雪を固めた氷を貯蔵する場所であったのだろう。

近くに御谷《おやつ》休憩所(鶴岡八幡宮内)があるが、ここで小休止して冷えた甘酒を味わうのも格別だ。御谷は、自然破壊の手がほとんどなく、往時の面影を偲ぶことのできるエリアだ。大仏次郎らの働きかけで開発を免れた。また雪の下は途中で道は途切れているものの、旧巨福呂坂切通しが残り、道脇の石仏石塔群は、かなり貴重なもので鎌倉時代この道を人々は往来していた。途中石段があり青梅聖天を祀る。源実朝が病に伏しているとき、季節外れの青梅を求めたところ、この聖天の青梅が実り将軍に献上したという伝説がある。聖天とはヒンドゥーの神様ガネーシャで、仏教に摂取されて大聖歓喜自在天となった。富貴、子孫の弥栄《いやさか》、消厄の得（徳）の神とされる。

参『家庭の化学』「冷却」（平凡社新書）

め 目には青葉

鎌倉にて

目には青葉山ほととぎす初松魚《がつを》（山口素堂）

初鰹といえば鎌倉、鎌倉の夏といえば初鰹。滑川橋の近くに「魚籃《ぎょらん》観世音」と篆書《てんしょ》された石碑が立つ。魚介類の功徳を称え、その霊を供養するために一九六四年に建立された。江戸時代以来、鎌倉は漁獲高の多い漁場となっていた。『徒然草』の鎌倉の古老の話に、「この魚己らが若かりし世までは、はかばかしき人の前へ出づることはべらざりき」と、昔はカツオは食用として口にすることはなかった。ところが、『ねざめのすさび』（石川雅望）によると「このカツオは最近食べだしたのではなく、古くから知られ、また他国でも獲れる旨」を考証した文を載せる。古代から食用としてあるものの、鰹節としての調味料をさした（堅魚）。日本は海洋国なので、カツオを食習慣としていた人々も当然いたにちがいない。

鎌倉を生きて出でけむ初鰹（芭蕉）

江戸時代、鎌倉でとれたカツオを夕方天秤棒で担ぎ、早朝四時には品川宿に着いたという。「どてら質に置いても初鰹」のことわざの通り、初鰹を口にすることは江戸っ子の心意気だった。

話は変わるが、伊勢エビのメッカは鎌倉といわれた。「鎌倉えび」ともいう。伊勢国でも獲れたが、もともと口にしなかったらしい。伊勢神宮奉納用として使われ、当初伊勢でも「鎌倉えび」と呼んでいた。のちに、海老の旨さを知り人々の食卓にのった。カツオも伊勢では「鎌倉カツオ」と呼んでいたのかもしれない。

いま、カツオよりシラス漁であろう。腰越海岸では解禁の季節ともなると、茹《ゆ》でたり干したりする漁師の姿を見かける。

め 面掛行列

九月十八日、御霊神社の例祭（県指定無形文化財）がある。田楽面や舞楽面をつけた十人衆と番外の猿田彦（天狗）が、妊婦姿のおかめを中心に町内を練り歩く。爺、鬼、異形、鼻長、烏天狗、翁、福禄寿、ヒョットコ、阿亀、とりあげの女である。かつては鶴岡八幡宮の放生会の式典に加わっていた仮面行列であった。明治の始め祭式改変で御霊神社に移管された。直接御霊神社とは関係ない。面は異形で日本人離れしているが、伎楽はもともとインド発祥でシルクロードを経て日本に伝わった。この行列を非人面掛行列とよんだ。（はらみっと行列）

これについて次のような言い伝えがある。頼朝が隠れ里を訪れたとき、非人の娘と懇ろになり子までもうけてしまった。頼朝は口封じのため父娘に藍摺（榛摺《はりずり》）の二反をそれぞれに与えた。そして、一族は年に一度の無礼講を許した。また、頼朝が外出するときには、そばに仕えて護衛役を勤めたともいわれる。

おかめの面が頼朝が孕ませたといわれる女で、他より美しい着物を身につけ、腹が大きく膨らんでいる。今は「非人」が差別用語となり使われていないが、御霊神社で行われるようになったのは不明である。この面には明和五年

（一七六八）作の銘文がある。

この辺りを坂の下という。坂の者とは、中世の被差別の民のうち、坂を拠点とした非人や清目をその居所から呼んだ呼称である。奈良坂非人や清水坂非人同じである。彼らの職掌は、①遺体処理。②追善仏事の際、施し物を受け取る。③ハンセン病患者の管理などであった。極楽寺を創建した忍性も慈善救済につとめ、とくにハンセン病患者を手厚く看病した。寺内には、かれらのために療病所（桑ヶ谷療養所）を設けた。

非人宿の長の呼称として長吏を用いた。江戸時代に弾左衛門と名乗る非人頭がいたが、かれらは関八州およびその周辺の穢多・非人たちを統率していた代々の称である。その生みの親が源頼朝との言い伝えが残る。

非人とは土地は穢《けがれ》であるとの考えから「人を越えた仕事にかかわる人々」の呼称ではなかったのか。そこにはヘイトはなかった。犬神人《いぬじにん》なども祇園社に、欠かせない人々であり鶴岡にも存在した。彼らは矜持を持ち事に当たった。京都八瀬の童子は帝が崩御されると駕輿丁《かよちょう》を務めた。かれらも特権をもち、鬼の子孫だということを憚らない。身分的差別を受けるは南北朝時代に入ってからである。今、鎌倉に面掛行列が文化財として残っていることは、当時の彼らの有り様を改めて考えても良いのではないか。〔補〕弘長四年非人三千余の施行は乞食への布施であろう。

参『日本中世に何が起きたか』（角川ソフィア文庫）『中世芸能講義』「天皇制と芸能」（講談社学術文庫）

㋯ 三鱗紋

『太平記』巻五によると、北条時政が江ノ島神社に二十一日間参籠して、子孫繁栄を祈願した。満願の夜、夢に美女が現れ「汝が前世は箱根権現の僧(時政《じせい》)なり。再び、人間に生まるることを得たり。されば、七代までは栄華に誇るべし」と託宣を垂れ、やがて六十ｍの大蛇となり消えていった。目が覚めて枕元を見ると、龍の鱗が三枚あった。これを組み合わせ北条家の家紋とした。この譚《はなし》は、いろいろバリエーションがあり、霊夢でなく浜で出合ったり、大蛇ではなく龍であったりする（日本では大蛇は龍と同格とみなされた）。地元に近い三島や箱根での参籠ではなくなぜ江ノ島なのか。足利氏の紋は、引き両という。両は龍で━は龍の姿態をあらわすという。『禅林諸祖伝』のなかで、北条氏と赤松氏が戦ったとき、決着がつかないので、赤松則村は石清水八幡宮に尋ねると「赤松の紋は巴紋で、北条の紋は鱗紋で、ともに水である。水と水では勝負にならぬ。赤松は巴の上に大龍を描いた旗を立てて敵に向かえよ」との託宣が出た。則村はその通りにすると大勝を得たという。龍紋は八大龍王で水の神、雨乞いの神であり、鱗や両はそのシンボライズされた形であろう。農耕の民としては雨は死活の問題となる。

足利の地には海はないので、海神としての龍ではなかろう。江ノ島神社のご神体は弁財天であるが、戦闘神（八臂《はっぴ》弁天）という一面をもつ。そして、独自の変化を遂げ、宇賀神という福徳の神と結び付き、頭上に白髪の翁、白蛇をのせた姿で現される（人頭蛇身像）。俗に福徳、財産神として信仰されるようになる。

時宗開基の円覚寺は建物のいたるところに三鱗紋を飾る。時宗廟の仏日庵を奥に進むと突き当たりに「黄梅院」が建つ。覚山尼が夫時宗のために「華厳《けごん》塔」を建て、後この場所に足利氏が夢窓疎石の塔所として新たに建立した。足利義詮《よしあきら》の分骨が葬られ、足利家の菩提所としての一面をもっていた。寺紋は二つ引き両紋。不思議な空間だ。

参『日本家紋総覧』（秋田書店）

み

名詮自性《みょうせんじしょう》

名がその物の性質を表すという意味。人は、名前によって運命が左右され、吉凶が決まるものだという観念。名は体を表す意味も含まれているのかもしれない。

「将軍は引尾に陣をとり、師直は泣尾に陣をとる。名詮自性の理、寄手のために、何れも忌々《いま》しくこそ聞こえけれ。」『太平記』（光明寺合戦ノ事）。結局、高師直は殺されてしまう。『平家物語』に、天台座主明雲《みょううん》は、伊豆国に流罪が決まる。安倍泰親が「さばかりの智者の明雲と名のり給ふこそ心得ね。上に日月の光を並べ、下に雲あり」と非難したという。その後、流罪は沙汰やみとなった。しかし、五年後、木曽義仲が後白河院の御所を襲撃したさい、矢に当たり絶命した。また、『平治物語』には、平重盛が平治の乱のとき「年号は平治なり。花の都は平城京、我らは平家なり」と軍勢を奮い立たせたという。名体一致観を考えると命名は慎重にならざるをえない。

義経が、頼朝と不和となり全国を逃げ回り捕縛できずにいた。そのころ藤原良経という兼実の継嗣がいた。刑人と同じ名乗りではよろしくないということで、義経の名を義行と改名した。しかし、義行の所在がわからず、これは能隠に通じるから捜し出せないというので、さらに義顕に変名した。行方が露顕するようにということである。平家打倒の令旨を諸国に下した以仁王は源以光と改名され、平家滅亡時の当主、平宗盛も末国に変えられたそうだ。遊女たちが『祇』の字を用いたのは、清盛に寵愛された祇王にあやかろうとつけたものらしい。藤原師光は出家して『西光』と名乗る。鹿ケ谷事件の首謀者の一人として捕らえられ斬り殺された。必ずしも最高の名前ではなかったようだ。姓名学では、名前を音訓読みしたとき、他の意味になるのはよくないという。

下野荘司（しものそうじ）・平知幹（へい、ちかん）・日下太郎（くさかったろう）

参『鎌倉・室町ことば百話』（東京美術）

し 七福神巡り

七福とは、律義、有福、威光、愛嬌、大量、人望、寿命いう。「七難即滅・七福即生の明文にかなひぬるをや」『曽我物語』。言葉にあやかり、中国晋代の竹林の七賢人や、衆生救済のために現れた七種の観音などにあて信仰が生まれ広まった。鎌倉では、①宝戒寺、②妙隆寺、③長谷寺、④旗上弁財天、⑤御霊神社、⑥本覚寺、⑦浄智寺、それに江ノ島神社を加え、「鎌倉江ノ島七福神巡り」と称する。

福神信仰は、室町時代には京都で風流行事として行われていた。応仁文明のころになると七福神の姿となり盗賊と化し、福の神の来訪といってむしろ歓待したという。商人社会で福徳施与の神として流行った。七福神の細かいルーツはさておき、大きく二分類できる。

A　⑥恵比須(夷)、③大黒天、④弁財天、①毘沙門天　↓異邦神、破壊神、戦闘勝軍神
B　⑦布袋、⑤福禄寿、②寿老人　↓長寿福徳の神

戦国の世の商人は武力を持ち自治を築いていた。生死は時の運。そんな時代の守護神だったと思われる。七福神を装い盗賊となって商家に上がり込むというのは、彼らを用心棒として雇っていたのではないか。七福神の役割分担が決まり盛行していくのは近世に入ってからである。

さて毘沙門天だが、白山神社(今泉)の毘沙門堂のご本尊である一木造彫眼、彩色の兜跋《とはつ》毘沙門天立像は、頼朝が上洛したおり鞍馬寺から二体ある一体を請来したものという。行基作、一六四、五㎝で十一世紀のものらしい。鳥居には長さ七mの注連縄が渡してある。縄はムカデを象徴して、十二組の幣がありムカデの足を表している。ムカデは毘沙門天の使者といわれ、蛭の天敵でこの辺りの田圃には蛭がおらず稲がよく実ったそうだ。

個人的には白山神社でもよいのだが、鎌倉市街から少し離れ社務所がない。今は宝戒寺が七福神巡りの毘沙門天と

なっている。かつては安養院に安置された毘沙門天であったが、近年盗難に遇って失われてしまった。どうも毘沙門天は請われたり盗まれたり一ヶ所に定まらぬ仏様だ。

（注）叡山の僧都と毘沙門（鞍馬寺の本尊）の話が『古本説話集』の六十八話に載る。

参　『日本の神さま仏さま』（新人物文庫）

し　沙石集

鎌倉末期に無住によって編まれた説話集。彼の見聞による口誦《こうしょう》活動をそのまま取り入れた説話が多い。梶原氏出身で、幼少から寺に入りまるで捨て子のようであったという。生まれつき病弱で貧窮なる生活をおくった。執筆活動は精力的におこない『雑談《ぞうたん》集』『聖財《しょうざい》集』『妻鏡』などを著している。『沙石集』の序文で「狂言綺語の徒《あだ》なる戯れを縁として」村里に伝承された譚や、見聞した興味ある事件を書き留めた。とくに鎌倉に関する説話は多く三十編以上載せる。

鎌倉	五編	御家人	五編（梶原・畠山等）
地名	五編（乱橋・甘縄等）	僧	三編（栄西・道隆等）
寺院	七編（寿福寺・覚園寺等）	神社	一編
頼朝	三編	実朝	三編
義時	一編	泰時	三編
時頼	一編		

こうした話から「仏乗の妙なる道に入らしめる」ことを目的にしたようだ。魔訶不思議な噂話は、今で言うパワースポットや心霊スポットに通じるところがある。司会者が『信じるか信じないかはあなた次第です』と語りかける心理作戦は、『沙石集』においては、話の最後にご利益や因果応報で締めくくり、冷やかしや冗談でないことを訴え、「勝義（最高の真実）の深き理を知らしめむ」という、自己の心の中をみつめるための鑑《かがみ》であったように思う。

☆

鎌倉で、文永のころ（一二六四～七五）、昨年の二月十八日申の刻に、無実の者の首を斬った。その男の怨念の報いを受けたのか、斬った男も翌年の二月十八日申の刻に斬られた。応報の道理を深く信ずるべきだ

☆　☆

承久の乱のとき京方についた右馬允《うまのじょう》明長は、致命的な疵《きず》を負い助かる見込もなかった。落人刈を逃れ木の空洞に身を潜めた。そこへ黒衣の僧が現れ薬草を与えた。本国へ下る途中、鎌倉方の武士に捕らわれの身となる。川に身を投げようと思ったが、若い僧が現れ入水を止める。疵は悪化し耐えられなくなり、なおも川に身を投げようと岸によると、僧は体に縛られた縄をひっぱり制止する。熱田神宮に立ち寄ると神官は明長を知っていたので、神官側が身を預かるといったが、鎌倉方は許さなかった。鎌倉に着くや北条義時はすぐに首を刎ねる事を命じた。また例の僧が現れ死んではならないと諭《さと》す。乱橋《みだればし》を出ると長年の知人に遇い、明長はことの次第を話すと知人は馬を走らせ義時のもとへ参って願い出たところ、死一等を減じられ、知人預かりの身となった。明長はさまざまな看病をして命が助かり、本国にもどり長寿を保った。僧は仏の化身と『沙石集』にはある。どんな非常事態でも人間は諦めてはいけないという教訓。

ゑ

恵比須《ゑびす》

恵比寿、夷、蛭子。ヱビスビールは「Yebisu」と表記される。「ヱ」ならば「we」となり、「ye」ならばヤ行のエ[.je](江ノ草書)とならないといけない。ただし歴史的仮名遣いは「えびす」が正しい。漢字の恵(ゑ・ヱ)はそれを無視した当て字である。両者は早い時期に同じ発音になったが一部方言として残っている。

本覚寺境内に新夷堂が建つ。昭和五十六年に再建した。仁王門前を流れる滑川に夷堂橋が架かる。かつて橋のたもとに夷三郎社があったための名称である。夷三郎は伊邪那岐・伊邪那美二神(又は大国主命)の第三子といわれる俗説からだが根拠不明。頼朝は幕府の守り神として夷社を祀った。ゑびす神は一二五三年、石清水八幡宮から鶴岡八幡宮に勧請され、その後ゑびす信仰は八幡信仰と結び付いて発展していく。夷堂(夷三郎社)は本覚寺の鎮守となり、室町時代に門前から寺内に遷座した。明治に入って蛭子神社として門前から五百m先に移築した。下を流れる滑川から左方に朱塗りの琴弾橋の姿が情趣をそそう。橋の東に小御所ケ丘があり、頼家室若狭の局と子の一幡が住んでいた。丘にあった松が、風に揺れると琴を奏でるような音色を出したところから琴弾の松と呼ばれた。

ゑびす神は、海上漁業の神、田の神、商売繁盛の神(ゑびす講)として信仰される。三才まで足が立たなかったといわれ、歪んだ形や奇形の形容に用いられた。また恵比須顔のように福の神にあやかることを願う。蛭子神社から宝戒寺へむかう途中、頼朝の命で義経を狙った土佐房昌俊(渋谷氏)邸跡の碑が立つ。義経に悟られて返り討ちにあってしまう土佐房は、いつのころか嘘つきの代表となり、京坂地方では商人や芸者が官者殿(悪王子社)に参詣する。その御神体こそ土佐房である。商人や芸者は客に対して普段だまして儲けたことに対して贖罪《しょくざい》するための行事(誓文払《せいもんばらい》)で、夷講と深く結び付いた。

『梁塵秘抄』に「神の御先(先払い)の現ずるは……ここには荒夷」。この荒夷は西宮の広田神社をさす。一一八四年、頼朝は広田荘を寄進した。当初「ゑびす」は祟る神であり、荒神《あらぶるかみ》でキツネ同様人に憑《つ》くそうだ。むかし、京の蛭子社（八坂神社内）のご神体を盗んだ者に祟りがあり苦悩を続けたため、夜陰密かに返したという。本覚寺墓地に置かれた石仏にも似たような話が伝わる。

ゑ 円応寺とハーン

円応寺はかつて由比郷見越岩(大仏の東の山)に建立され、足利時代、由比が浜(大鳥居の東南)へ移築した。今、材木座に「荒井閻魔堂跡」の石碑が建つ。江戸時代に、津波により現在地に移った。本尊は言わずと知れた木造閻魔大王像で周りには十王像が並んでいる。この本尊は、運慶が頓死して地獄に行ったあと蘇《よみがえ》り、そこで見た閻魔の姿を彫ったとの言い伝えが残っているが、実のところ作者は不明だ。うち初江王像は鎌倉期の作で、本尊と初江王以外は江戸時代の作といわれる。梵語の音訳「閻魔羅闍」の略。羅闍は大王の意味。

L・ハーンが鎌倉に来てこの本尊を見た感想が『日本瞥見記《べっけんき》』「江ノ島行脚」の中にある。ハーン独特の不可思議でおどろおどろしい表現で書かれる。作品では、「禅王寺という禅寺」となっている。

「靴を脱いで、堂守のあとについて壇のうしろの幕の前に行く。堂守は長い棒でさっと幕をかかげた。とたんに、うす黒い幕で今まで深く隠されていた、神秘の闇の中から、いきなり化け物がこちらをはたと睨《にら》めつけたから、私は思わずぎょっとして、あとへ飛び下がった。実にもって、思いもかけない化け物の顔である。その顔たるや、真っ赤に熔けた鉄が冷めて、薄黒くなったような、どす赤い色の、ものすごい呪いを含んだ、思わずあっと肝の潰《つぶ》れるような顔である。もっとも一目見てぎょっとなったのは、とばりをかかげたそのとたんに、闇の中から、そいつがわっと現れ出たという、少々芝居がかったその所作にもよることは確かだが、しかし、だんだん驚きが静まるにつれて、私はこの像の作者の意想の、ものすごい迫力を認めて、この妖怪作者の秘密がどこにあるのかを、よく調べにかかった。そして、この作品のすばらしさは……（中略）……じつは、その目に—夢魔のようなその両眼にあるのであった。」

この閻魔大王は子育て閻魔とも呼ばれ、山賊にさらわれた幼児を救ったという伝説から、子供の成長、安泰などに霊験があるといわれている。門前に「あらひ・子そだて・閻魔王」と彫られた石標がある。旧巨福呂坂切通しはこの寺の前を通り、青梅聖天を経て八幡宮の西側に通じていた。いまは、途中までしか行けない。

ひ 碑

鎌倉には、見過ごしてしまう気が付かぬ石碑がいくつもある。あらかじめ下調べが必要だが、詳しくなればなるほど知的好奇心が増す。これも鎌倉散策の楽しさかもしれない。材木座にある実相寺の通りの突き当たりはT字路となり、小さな祠がある。昔、ここに駒形屋質屋があり屋敷の神（稲荷神）を祀った。いつしか辻の神となった。稲荷社の前に『大師道』の碑が立つが、小さくて気が付かない。この大師とは、聖宝《しょうぼう》理源大師をさし、京都醍醐寺の開山となった僧である。T字路の奥にかつて存在した感応寺は、京都三宝院末、本尊不動明王であるが、理源大師が建立したわけではない。大師の遺徳を称えて用いたに過ぎない。中興の祖は養源という。五所神社の境内にある弘長二年の板碑は、感応寺にあったもので、不動明王の化身倶利迦羅明王が彫られている。観光客も目に留まらぬ小さな碑から、隠れた歴史をかいま見ることができる、それが鎌倉の奥深さともいえる。

鎌倉駅西口広場に「L・ウォーナー記念碑」。太平洋戦争中鎌倉を戦火から救った人物の顕彰碑。ところが鎌倉も爆撃の標的となっていた文書が見つかった。大仏境内に「ジャヤワルデネ氏顕彰碑」。サンフランシスコ対日講和会議で、日本を独立させ国際連合に加盟させることを熱弁したスリランカ大統領。稲村ケ崎公園に「コッホ博士の碑」。一九〇八年に夫妻と来日。そのとき北里柴三郎と七里ケ浜に遊ぶ。海水浴は健康によいと提唱。北里柴三郎はコッホ愛弟子四天王の一人。江ノ島に「モースの記念碑」。かつて江ノ島神社の供物用菜園があった場所を邸宅とした。動物学者で大森貝塚の発見は有名。鵠沼《くげぬま》海岸に「ニエアル〈聶耳〉の碑」。中国の作曲家で中国国歌作曲。反日運動家。この海岸で溺死した。

あえて外国人ばかりあげた。碑の解字は、低い立石のことで、たしかに路傍にあっても、境内奥にあっても、気にも留めないのが石碑である。

参『鎌倉に異国を歩く』(大月書店)

ひ 百貫点

建長寺の総門の扁額に「巨福山」とある。一山一寧の揮毫《きごう》である。「巨」の文字が「巨」となっているのは、筆勢により「、」を加えることで全体が引き締まり百貫の価値が出ることから「百貫点」と呼ばれた。寺の扁額には異字体をときどき用いることがある。菩薩を「艹廾」、草冠を「艸」とするのも、見た目のバランスや形の見栄えであり、また、草書体、行書体、隷書体といろいろな書体を駆使する。『古今著聞集』に三蹟の一人行成の書いたある寺の額が、長年の風雨によって消えかかっていた。それを修復した男が雷にあたって命を落とした話が載る。それだけ扁額の文字には魂がこもっているということだ。日本には、古くから絵馬や額を寺社に奉献する習慣があった。神仏の威徳を讃《たた》えたり、建立奉謝のために豪華な額を高貴な人に書いてもらい献じたりした。

額は、総門や山門、本堂に掲げられるが寺の表札のようなもので、横書きの山号が多い。(扁額とは横額のこと)

建長興國禅寺	建長寺山門	後深草天皇宸筆《しんぴつ》
圓覺興聖禅寺	円覚寺山門	伏見天皇宸筆
扇谷山	海蔵寺山門	草書体
内裏山	九品寺山門	新田義貞筆
猿畠《えんばく》山	法性寺山門	二匹の白猿が左右から支える扁額
本身延山	本覚寺本堂	松平定信筆・身延山から日蓮の遺骨を分骨
安國法窟	安国論寺山門	立正安国論を洞窟でまとめたため・降雨前に干上がる
天照山	光明寺山門	後花園天皇宸筆・一四三六年の勅額で山門は関東最大

扁額を設けない寺もある。別願寺(時宗)は、かつて真言宗能成寺といって鎌倉公方足利氏の菩提寺としておおいに栄えた。永享の乱(一四三九年)で討ち死した持氏の墓と伝わる石造宝塔(二五六㎝)が建つ。しかし、鎌倉後期の造りで室町期のものではない。持氏の墓は瑞泉寺にある。県道に面しているが、やや奥まって個人宅のようで気が付かない。目印は持氏の宝塔である。

参『まるごと建長寺物語』(四季社)

Ⓜ もののけ

生き霊や死霊の類を言い、人に取り憑《つ》いて病や死にいたらせたりする憑き物。広く怪異現象なども、人の恐怖心が生み出したものであり、物の怪（気）の部類だと私は考えている。死者の怨念が生者に祟りをもたらすことで、恨みをはらす。その呪いを実現させるためにこの世に生きている者に災厄をもたらす。そして、新たな神を創造し、神の祟りを防ぎ鎮めるために神を祀った。九世紀中頃になると、第三者をも巻き込んだ形で発生しはじめる。病の原因も、だれか生きている者の怨念によるもの、あるいは死者の恨みではないかと疑う。人間は、不特定多数の人々と関係を持ちながら生きていく宿命を持つ。そのことが呪いの心の発生を不可避なものとしている。例えば、ケガをする。するとなぜこんなことになるのか疑う。そこに陰陽師などが入り込んでくると、不安が高まる。もしかしたら誰かの祟りではないかと。死者の数が多くなると、国家の支配者が国家として祟り鎮めをすることになる。八六三年の京都神泉苑で行われた御霊会がまさにその例である。

祓いに関する作法には、元仁元年（一二二四）①四角四境祭が行われ疫病の流行、将軍の病など、それを怨霊、もののけの仕業と考え、それらの霊気が外部から侵入するのを阻止する祭祀である。同じ年、②七瀬《ななせ》の祓《はらえ》があり、旱害被害拡大のため実施。そして、これらは幕府独自の祈祷体制の整備となる。

①六浦（東）、小坪（南）、稲村（西）、山内（北）→六浦、小坪、片瀬川、巨福呂坂〈市街の穢れを忌避するために四ケ所の境に結界を設置〉
②由比が浜、金洗沢池（七里ケ浜）、片瀬河、六浦、いたち川、杜戸、江ノ島龍穴

「もの」とは、神仏、鬼、魂など、霊妙な作用をもたらす。例えば妖怪、邪神・怨霊など不可思議な霊力をもつ存在をいう。あるいは、人が考えることのできない形のないものにも使う。「ものの夫」はまさに貴族社会からみる

と魔訶不思議な能力を持つ男たちであった。かつては、朝廷に仕える多くの文官、武官をいったが、いつのころから武勇をもって仕え戦場で闘う武人をさすようになった。つはもの（強者）ともいう。かれらは血を血で争う「もの」であり「穢《けが》れ」であり、貴族には受け入れ難い存在であった。

物語の「もの」も滅んだ人々の霊魂をさす。「もの」を語り滅びた者への鎮魂と、かれらの怨霊、死霊を弔い、敵となす者へ贖罪《しょくざい》のために語った。『源氏物語』は、藤原氏全盛期に源氏の賛美を語るという不可解な作品に思われるが、藤原氏のために政争に敗れ滅んでいった源氏一族の鎮魂の物語、そしてかれらの祟りを慰撫するために書かれたのが作者の意図するところであった。ここでいう源氏とは武家源氏ではない。

㋮ 紋尽くし

江戸時代遊女の紋を集めて遊里を案内させた細見《さいけん》のこと。古くは鎌倉時代に富士の巻狩のとき御家人の宿所を紋所によって掲載したもの。本文は、曽我兄弟がこの地で宿敵工藤左衛門を討ち果たすために、敵の仮屋を探す場面である。

「まづ一番に、釘抜き、松皮、黄紫紅《きむらご》。この黄紫紅は三浦平六兵衛義村の紋なり。石畳は信濃国の住人に根井大夫大弥太、扇は浅利与一。舞うたる鶴は、盧原《いはら》左衛門。庵の中に二つ頭舞うたるは、駿河国の住人、天智天皇の末孫竹下孫八左衛門。伊多良貝は岩永党。網の手は須賀井党。追洲《おふす》流しは安田三郎。月に星は千葉殿。傘《からかさ》は名越殿。団扇の紋は児玉党。裾黒に鱗《うろこ》形は北条殿の紋なり。繋ぎ馬は相馬、折り烏帽子、立て烏帽子、大一大万大吉、白一文字は山ノ内の紋なり。十文字は島津の紋。車は浜の竜王の末孫佐藤の紋。竹傘は高橋党。亀甲、輪違へ、花空穂《うつぼ》、三本傘、雪折れ竹、二つ瓶子《へいし》　川越。三つ瓶子は宇佐美左衛門。二つ頭《がしら》の右巴は小山判官。三つ頭の左巴は宇都宮弥太郎朝綱、鏑矢《かぶらや》は伊勢の宮方。水色は土岐殿。四つ目結は佐々木殿。中白は三浦の紋。秩父殿は小紋村紺《むらご》。割り菱は武田太郎。梶原は矢筈《やはず》の紋。真白《ひたしろ》は御所の御紋である。ここに庵《いほり》の中に木瓜、ありありとうつたる紋あり。これは我らが家の紋ぞと思しめし一入十郎殿なつかしくて、時を移して立たせたまふ。」

（『曽我物語』巻の十）

※千葉　名越、北条、土岐、佐々木、秩父六氏には敬称が付いているが、初期の御家人の力関係が不透明である。これは『物語』生成に大きく関係するのではないか。秩父畠山、六角佐々木、土岐は鎌倉末期から南北朝にかけて活躍する一族である。物語成立時期と重なれば当然家系に付度するであろう。

参　『日本紋章学』（沼田頼輔）

㋝ 姓名判断は当たるか

わたしの手元に数冊の『姓名判断』の本がある。頼家、実朝、義経は氏名の総画数が同じで、それによると彼らは「敵が多く自己主張が強いので、人に好かれない性格である。傲慢《ごうまん》さがあり人望に乏しい。優れた才能を持ちながら、成功が長続きしない。ただ、芸術的センスはある。結婚生活はよろしからず」。はたして、義経に芸術の素養があったのか不明だが、ほぼほぼ一致するのではないか。もちろん、占いが百《パー》当《セント》たるものではないしまた、科学的根拠もない。しかし、彼らの生きざまと照らし合わせると、そうともいえない。姓名判断は、ときおり迷路に誘いこむ。源頼朝は、「意志が弱く、器用貧乏に終わる。また、他人の言葉に惑われやすい」とか。当の本人に会って確かめる術はないが、天下を治めた頼朝が、はたして意志が弱かったのか。猜疑心が強いのは、常に情緒不安定な精神状態からくるものであろうが、峻厳な態度をとる頼朝が意志薄弱とは考えにくい。

そこにはいろいろな要素がついてまわるので、氏名だけで一概に性格や人生が決定するわけではない。梶原景時は、「才能はあるものの世間的に認められず、人の忠告に耳をかさない。自己中心的人生を歩み、自分を律することが苦手」という運勢。たしかに、弁舌に優れて、頭の回転はよく切れ者であった。木曽義仲追討が成功したとき、景時の報告は義仲軍の戦死者や捕虜についても手紙に記載し、頼朝を深く感嘆させた。しかし、人の機微を介さず、奥州藤原氏征伐の際に、捕虜となった由利八郎を訊問したとき、梶原のあまりの無礼な態度に怒り返答をしなかった。景時に慢心の気味があったことも事実である。また、和田義盛が任じられた侍所の別当職を奪い取り、結城朝光を謀反あるものとして讒言《ざんげん》するなど、回りの御家人たちから反発を招き、結局、頼朝死後一年後に梶原一族は滅亡した。

景時の供養塔が、市立深沢小学校校庭西の隅のやぐらの中にある。このあたりを梶原といい、景時の領地であった。慈円は『愚管抄』の中で「鎌倉ノ本体ノ武士」と称賛している。たかが占いされど占いである。

参『日本の人名』「姓名判断は当たるか」(毎日新聞社)

㋝ 石塔

石塔は故人の墓と供養塔の二種ある。ガイドブックに○○の墓とあるのは供養塔である場合が多い。源頼朝の墓も江戸時代に薩摩藩が建立した供養塔で、遺骨は法華堂に葬られたと考えるべきだ。塔は、元来釈迦のご遺骨と称する舎利を納めるもので、後広く信仰の対象とされた。塔は寺院の荘厳や威信を増すために多く造立されたが、浄土系寺院はほとんど塔を建てない。塔の基本構造は五つの部に分かれている点である。石塔を大別すると六類ある。

五輪塔	宇宙は地水火風空の五大元素からなるという仏教の五大思想を表したもの。基礎（地輪）・塔身（水輪）・笠（火輪）・請花《うけばな》（風輪）・宝珠（空輪）という原型がうまれた。西大寺流律宗の僧が関与していたとされる。▽浄光明寺五輪塔（覚賢塔）・極楽寺忍性塔（国重文）
宝篋印《ほうきょういん》塔	死者のための供養塔。宝篋印陀羅尼経を納めたのが始まり。水輪にあたる塔身が直方体に、火輪が隅《すみ》飾《かざ》りという突起と、露盤を持つようになる。請花（開いた蓮の花）・九輪・宝珠を加えて全体に鋭角的に整っている。慶政上人が渡宋し技術を伝えた。▽覚園寺開山塔・安養院尊観塔
層塔	中国の層塔などにより極端に簡略化された形になった。屋根は五重から十三重（全て奇数）まで幾層にも重ねられているのが特長。▽上杉憲方塔・頼朝墓
宝塔	もとはすべての塔の美称であった。塔身の水平断面（平面）が円形で基礎と屋根が方形。上部に相輪を立てた一重塔をいう。この形が二重になっているものを多宝塔という。▽別願寺足利持氏塔
板碑	板石塔婆という。緑泥片岩で薄い板石の頭部を山型に三角の形にしたもの。梵字・仏像・華瓶《けびょう》を薬研彫《やげんぼり》で刻む。庚申信仰とともに広まる。▽弘長二年造の長谷寺、光明寺、五所神社の板碑が有名。
無縫塔	卵塔ともいう。蓮の蕾をあらわす。禅宗とともに日本に輸入され、開山塔として用いられるようになる。▽光明寺歴代住職塔・円覚寺開山無学祖元塔

▽満光山来迎寺の五輪塔群は和田氏、三浦氏の戦没者供養のためのもの。

▽報国寺五輪塔群は、由比が浜から発掘された遺骨供養塔。

▽洲崎古戦場泣き塔と山崎天神の宝篋印塔は戦没者供養塔。

▽別願寺の宝塔は、彫られた鳥居の中に、持氏の怨霊を封じ込めたと伝える。塔は持氏生前に完成。

▽北鎌倉八雲神社の板碑（庚申塚）と青面金剛像は集落の境界に建てられ結界とした。これらはいわく因縁つきの石塔で祟りがこめられているとも。

▽極楽寺忍性塔は、安山岩製の五輪塔で高さ三五七、二㎝。塔より忍性舎利器（国重文）が出土。毎年四月八日に一般公開。悪戯で宝珠に女性の下着を被せたため、以後自由に拝観できなくなったとか。

参『石造物が語る中世職能集団』日本史リブレット（山川出版社）『東国の中世石塔』（吉川弘文館）

㋝殺生石

扇谷山海蔵寺は元真言宗、現臨済宗。開山は源翁《げんのう》禅師といわれるが、詳しいことはわかっていない。寺名に「海」の字をあてるほど、水に縁の深い寺である。境内には十六の井や底抜けの井などが残る。また本堂背後に心字池を中心とした庭園が広がる。

源翁は殺生石の伝説で名高い。鳥羽天皇の寵姫玉藻前は、中国においてすこぶる悪の限りをつくしたはてに、日本に飛来した金毛九尾の狐の化身であった。陰陽師安倍泰成に正体を見破られ那須野に逃げるが、命を受けた三浦義明らに退治される。数百年後、狐の魂が石となり人々を苦しめ、殺生石となり恐れられた。『奥の細道』に「石の毒気は今になくならず、蜂、蝶のたぐいが地面の砂の色も見えないほど重なりあって死んでいる」とあるが、温泉から出る硫化水素のたぐいであろう。さて殺生石の話を聞いた源翁は、那須野ヶ原へおもむいた。彼は、経文を誦《じゅ》しながら、金槌の形をした杖を持って石を一撃すると、石は散り散りに砕けた。以来、人々に危害を及ぼすことはなくなった。その石のかけらの一部が印として海蔵寺に残る。これより、石を砕くときに用いる大金づちをゲンノウと呼ぶようになった。また、成仏させたのち、地蔵を彫り寺に安置したという。

慶長年間のころ、甲良豊後守なる武士の夢枕に地蔵が現れ、海蔵寺にある地蔵を京都の真如堂に祀るよう告げた。

彼はさっそくそれを実行し、真如堂に遷座したのが「鎌倉地蔵尊」である。

室町に入ると、謡曲『殺生石』が上演される。舞台には、石を模す一畳台の作り物が出される。妖狐譚は、江戸時代に大きく成長をとげる。

本尊薬師如来（啼薬師・児護薬師）。山の土中に夜毎小児の泣き声がするので、開山禅師はその跡を探すと金色の光を放ち芳香をはなつ小墓が見つかった。袈裟を墓に覆うと泣き声は止んだ。翌朝、墓を掘り返すと薬師の木像頭部があり、新たに薬師像を彫りその体内に掘り当てた薬師の顔を納めた。

国名	金毛九尾狐ルーツ	備考
中国殷	妲己《だっき》↑↓紂王《ちゅうおう》	酒池肉林の故事
天竺	←華陽夫人↑↓斑足王	王の父が牝獅子と交わって生まれた子。
中国周	←褒以《ほうじ》↑↓幽王	竜の涎《よだれ》から黒亀となりその亀と幼女との間に生まれた女。烽火を見て初めて笑ったという。
日本	←玉藻ノ前↑↓鳥羽天皇	一一五四年

国が滅びる原因は失政と、寵姫という類型がある。執権北条高時にも寵姫がいて幕府滅亡の一因ともなったのでは。

『太平記』等には、田楽や闘犬、酒にふけり政治は内管領にまかせ国は疲弊してゆく。国中に悪党が跋扈《ばっこ》し家を守るには、自力救済しか手立てがなくなっていく。実のところ滅びゆく原因は政治政策の欠陥にあり、そこへ「傾城」をからませ後世の人が面白く創作したにすぎない。

参　『狐』（法政大学出版）

鎌倉地蔵尊〈真如堂〉殺生石のお守り

す 杉本・住吉・諏訪壇玉縄

鎌倉の三名城である。▼杉本城は、三浦義明の子義宗が築城し、その子和田義茂が伝領した。頼朝蜂起を伝え聞くや、義茂はこの城から出陣し、犬掛坂を馳せ越して名越に出た。これは、兄の和田義盛の要請によるものであった。一三三七年に後醍醐天皇の命により、北畠顕家が大軍を率いて、鎌倉に攻め込んだ。その時、城には尊氏方の斯波《しば》家長が守っていた。しかし、わずか一日で城は陥落、家長以下三百人が討死にした。わずかに遺構が残っているが、自然地形を生かして築城された山城である。杉本寺の本堂、庫裏のある大蔵山の南面の二段の平場が城の大手といわれている。熊野神社（浄妙寺西側）にある背後の丘陵部分は、城の東端の砦跡といわれる。

▼住吉城は、北条早雲が住吉の古要害を取り立てて城郭にしたと伝える。するとそれ以前に砦らしきものが存在していたのだろう。三浦半島に勢力を張っていた三浦氏に攻略され、さらに岡崎城（平塚市）まで進出していく。先述した杉本城の流れから、もとは三浦氏の城であった可能性がたかい。早雲は、三浦氏のおさえとしてリニューアルしたのである。その後、鎌倉に入った早雲は、住吉城を攻め、城を守っていた三浦道香は、深手を負い逗子の延命寺にて自害。兄の三浦義同《よしあつ》、義意《よしおき》父子も三浦の新井城にたてこもり自害し果てた。城の後方に井戸があり、さらに手掘りでくりぬいた隧道があるが、今は抜けることはできない。（私有地となるため）

▼諏訪壇玉縄城は、一五一二年、北条早雲（伊勢長氏）が築城。三浦氏攻略の拠点のため。難攻不落の城で一六一九年廃城となるまで落城しなかった。北条氏が滅んだ後、江戸に入って一時甘縄藩を立てたが、藩主が転封されるとそのまま廃藩（一七〇三）となる。現在、城跡全体が女子校の校地のため、無断見学はできない。城の最高部（八十ｍ）で、幅十五ｍ、長さ三十ｍにわたる平地がある。ここを諏訪壇と呼び、城の鎮守社諏訪社が祀られていた。急崖があり、空堀を配した鉄壁な防備構造となっている。城主が最後に立て籠もる場所であったという。

眼下の高校の校庭は本丸で、かつては五角形状の土塁が廻りその中に本丸があった。当時を偲ぶ地形が今も残るのが、空堀、七曲り、太鼓やぐら跡、ふあん坂、陣屋坂で高校に入らずとも外側から確認できる。急坂が多く、山城を体感してはどうか。陣屋坂を下ると途中に二か所広い公園がある。湿っぽい夜には甲冑の音が夜な夜な聞こえてくるそうな。

参『戦国北条氏五代』(戎光祥出版)

す 辻子・辻

辻子《ずし》は、小路や大路を結ぶ通り抜けできる道。辻は、道路が交叉する道。辻子の例として、宇都宮辻子、大学辻子、呪師勾当《じゅしこうとう》辻子、田楽辻子、稲荷辻子など。小路と同じ意味合いで使っていた(『吾妻鏡』)。屋敷や空閑地などに、貫通させた新たな道路、突抜《つきぬけ》ともいう。鎌倉でも大路へむかう抜け道が何本もある。京都の話だが、平将門を祀る神田明神がある辻を、膏薬《こうやく》図子(辻子と同)と呼ぶ。空也上人が、将門を供養したことから、「空也供養の念仏道場」と呼んだ。クウヤ、クヨウが託ってコウヤクに転じた。

辻《つじ》の例としては、塔の辻があるが、俗に七塔の辻というが実際はもっと多い。市街地と郊外(村里)とに分かれ、その境を辻と呼び辻には石灯籠が建てられ、夜間には火が灯された。由比が浜通りバス停笹目付近に、塔之辻の石碑がたつ。今日の交番の役割を果たしていたものであろう。史書や物語に塔の辻の記事が多く見散する。

▼「北条時定は塔の辻(筋違橋前)から三浦軍を攻撃」『吾妻鏡』

▼「荏柄天神から失火し塔の辻まで延焼」『同』

▼「安達泰盛は、自宅から塔の辻の屋形へ行き北条貞時館で討たれる」『同』

▼「工藤左衛門塔の辻（辻の薬師堂近く）に候ひける」『義経記』

▼『貞永式目』第三四条に「道路の辻にをいて女を捕らふること、御家人にをいては百箇《か》日の間出仕を留む」と、法令に記載されていることは、鎌倉は物騒な街で強姦も多かったのであろう。

辻には篝屋《かがりや》が設置されて、御家人たちがそこに詰め、事件が起こると太鼓を叩いて事を知らせて、警備にあたった。一二四〇年以来辻々に置かれた。

辻占というのがある。古くから日暮れ時街路の四つ辻に出て人の話を聞き、それによって自分の運命を占った。女性は、つげの小櫛をもち辻に立ち、道祖神に祈って歌を三べん唱え、最初の道行く人のことばを小耳に挟み、それによって吉凶を判断する。行路の神の意志を聞くという信仰から生まれたともいう。その他辻から出た言葉に、辻風、辻切、辻堂、辻冠者（無頼の若者）、辻固（貴人の出仕の時に辻ごとに立ち警護する役人）など。辻とは「辶は別れ道、十は十字路」を意味する国字で、今でも出合い頭の衝突事故（過失相殺）はよく問題になる。「辻」という場所がもつ非日常的な力が心的な面で働く一種「魔界スポット」といえるのかもしれない。

京と鎌倉

	京都市	鎌倉市	比率
人口	一四七万人	十七万人	八・六倍
面積	八二八万㎢	四〇万㎢	二〇倍
寺院	一六六〇寺	八四寺	二〇倍
神社	三〇〇社	四〇社	七・五倍

京（他）	鎌倉
朱雀大路3・7㎞×巾85m	若宮大路（段葛）900m×巾33m
京都五山	鎌倉五山
京都御所	鶴岡八幡宮・大蔵御所
大仏（奈良）	大仏（幕府裏鬼門にあたる）
比叡山（滋賀県）	天台山（幕府鬼門にあたる）
琵琶湖（滋賀県）	相模湾
長谷寺（奈良県）	長谷寺（伝・奈良とは兄弟）
鴨川（全長23㎞）	滑川（全長7・6㎞）
嵯峨の竹林	報国寺（休耕庵跡に竹林）
苔寺（西芳寺）	妙法寺の苔の石段
三大祭	三大祭（鶴岡例大祭）
衣笠山	衣張山
三千家茶道	宗徧流茶道（現一般公開）

京都にゃ負けるがルーツは鎌倉。今日の生活習慣のいたる所に中世の痕跡をとどめる。鎌倉時代にできあがったものが、現代の私たちの生活の基盤をなした。衣食住の基本はこの時代に生まれ、私たちの生活に根深くかかわっている。馬淵和雄氏は十三世紀の鎌倉を「鎌倉ビッグバン」と呼ぶ。

海蔵寺門前に底抜けの井戸がある。尼が水を汲みにいったとき、桶の底が抜けて悟りを得たという伝説による。心の中に塞がれていたなにかがある時ふと開悟したので、そんな譬《たと》えを「底抜け」といったのだろう。桶や樽は十二世紀中国から伝来したが、普及したのは十四世紀末であった。寺の建立は一三九四年であるからまさに桶使用と重なる。

富山の薬売りは、もとは修験者や廻国者と関係が深い。廻国といえば、全国に時頼伝説が残る。最明寺（時頼の法名）という寺も各地にあり、墓（供養塔）と称する石塔も立つ。民情視察といわれる「鉢ノ木」などは、地方遊説のはしりであろうか。今日の日本の生活スタイルを築き上げた元となるのが鎌倉時代といってもよい。

御宿せしその時よりと人問はば　網代《あじろ》の海と夕影の松（千葉県御宿《おんじゅく》町の由来）

補遺（鎌倉余聞）

鎌倉の梅

「暗香浮動月黄昏《こうこん》」〈林逋《りんぽ》〉梅花の香気がどこからともなく漂い、夕暮れの空に月が出ている。梅は「生め」のような首途《かどで》や始まりのイメージがある。梅のことを「好文木」と呼ぶ。晋の武帝が学問に親しむと梅が咲き、怠ると開花しないという故事から名付けられた。

村上天皇の代に「良き梅の木を市街地から捜し出せ」という勅命が下った。ようやく見つけた梅の木を掘りだすと、家主《あるじ》が「勅なればいとも畏しうぐひすの宿はと問はばいかが答へむ」と書いた文を木にかけた。帝はそれをご覧になり、家主のもとに返させたという。紀貫之の娘の家であった。（『大鏡』）いま、相国寺林光院に「鶯宿梅《おうしゅくばい》」として伝わる。

菅原道真には飛び梅伝説がある。「東風吹かば匂ひおこせよ梅の花あるじなしとて春を忘るな」と梅の木にこの歌をかけて九州に下った。その後、梅の木が道真を慕って太宰府まで飛んできたという。

こうしてみると、梅には辛さや悲しさがこもっているが、恨みや呪いのような陰湿さはない。梅の花言葉は「不撓《ふとう》不屈の精神」。荏柄天神社の紅梅はまさに受験生の守り木のようだ。瑞泉寺は水仙の白色が梅と照らしあってよい。覚園寺は、野深く周囲の木々が梅に生気をもたらす。光則寺、東慶寺、円覚寺それぞれ梅の趣が異なる。それは周囲の景色が梅をさまざまに変化させているからであろう。

冬枯れの木立さびしき梅が谷　もみぢも花もおもかげぞなき『廻国雑記』（道興准后《じゅごう》）

参　『鎌倉花の散歩道』（山と渓谷社）

鎌倉の喫茶

鎌倉に入るルートは四境（六浦〈朝比奈〉・小坪〈飯島〉・稲村・山内〈北鎌倉〉）のほかいくつかあり（極楽寺坂・名越坂）、その場所には必ず旅人の喉を潤す喫茶があった。朝比奈切通しには分かっているだけで二軒確認され、いま道の岸壁に垂木《たるき》をはめ込んだ角穴跡や竈《かまど》跡の痕跡を残す。極楽寺切通しは星の井のそばに茶店が数軒建つ。（『☆』の項参）名越切通しの出入り口に日蓮乞水や銚子の井など、そこには茶店にちかい建物があったと思う。小坪に六角の井、山内（北鎌倉）から巨福呂坂に入る辺りにも小休止する場所が設けられていても不思議ではない。鎌倉の入り口には井戸が多く見うけられる。背後に山が切り立ち水も豊富に湧いたであろう。江戸時代、稲村ヶ崎に「ばばが茶屋」という茶屋があり、老婆が観光客相手に絵地図を広げ村内を説明する。果ては頼朝の髑髏《どくろ》を取り出し講釈しはじめると、客は頭蓋骨の小ささを不審に思い尋ねると、老婆は「これは頼朝公六歳のみぎりの頭蓋骨である」と言ったとか言わなかったとか……。

「天空の三喫茶」と勝手に呼んでいるが、①樹ガーデン、②アマルフィイ・デラ・セーラ、③ル・ミリュ。①は天空の庭（森林浴）、②のテラス席はオーシャンビュー、③は、森と海を臨む、フランス語で「ど真ん中」と「暗黒街」の意味を持つ。スパイ映画？が似合いそうな喫茶店だ。共に、晴れた日は最高のロケーションとなる。鎌倉には紅茶専門店が七〜八軒ある。英国では午後にティータイムを必ず設けクッキーや小さなパン《スコーン》などと共にいただく。かつてロンドンに行ったおり体験した。以来、紅茶にはミニパンと決めている。そう「ｐａｎ＆ｔｅａ」と。

鎌倉は海を臨む喫茶室も多く、オーシャンビューがよく似合う。店独自の趣向を凝らし客をもてなし、景色が喫茶をさらに美味しくする。ここで多くの人が亡くなり、罪人も首を刎《は》ねられた。浜は墓地と化し無縁仏となる。もっとも観光客にとっては、血生ぐさい話などすでに忘却の彼方に去った出来事である。

「由比ガ浜パンティ被った武者の霊」。鎌倉の鳥瞰《ちょうかん》絵図を南北逆さにすると由比ガ浜が……

（『由比ガ浜』の項参）

かまくらのそうし

春は、鎌倉山の桜。夏は、扇川の蛍。秋は、紅葉ヶ谷の黄葉。冬は、鶴岡の雪。

ころは、正月、三月、四月、五月、七、八、九月、十一、十二月、すべてをりにつけつつ、一年ながら、をかし。

つとは、鳩サブレ、酒饅頭、力餅。鎌倉彫。

山（に）は、谷戸、やぐら、切通し。

池は、雨乞いの池、忍力行法の池、妙香池、硯の池。

滝は、音無の滝、三郎滝、不動の滝。

川は、水無瀬川、豆腐川、二階堂川、逆川、行逢（合）川。

淵は、稚児ヶ淵、亀ヶ淵、紅葉の淵、魔の淵。

井は、へやの井、硯井、正宗の井、常盤の井、十六の井。

神は、八幡の神、宇賀福神、御霊神。

社は、八雲、熊野、白旗。

寺は、青蓮寺、寿福、妙法、長寿、瑞泉。

地蔵は、どこもく、延命、月影、裸地蔵。

仏は、水月観音、如意輪観音、千手観音、虚空蔵菩薩。
橋は、華の橋、琴弾橋、せいしく橋、がっくり橋、なきっつら橋、乱橋。

加藤理氏《おさむ》は、『鎌倉案内』で「何度訪れても、鎌倉に行くときは不思議なくらい胸がはずむ」といっているが、この高揚感は何であろうか。さらに氏は続けて「(鎌倉は)あたかもテーマパークのアトラクションのようである」。鎌倉はどこにでも旅人を誘う古都然とした雰囲気をつくりだす。右に挙げた鎌倉類聚は、「春はまづ咲く梅が谷。扇の谷に住む人の涼しかるらん。秋は露置く佐々目が谷。泉ふるかや雪の下」『唐糸そうし』を例に、物名を恣意的に集め旅情を誘った旅詞である。

谷陰《やとかげ》はまだ雪深き鶯の　何を春とか鳴きはじむらむ（冷泉隆茂朝臣）

鎌倉夫人

鎌倉権五郎、鎌倉右大臣、鎌倉大仏、鎌倉五山等々、鎌倉を冠する人名、事項、書物は、細かい事項などを含めると二百を下らない。鎌倉を冠すると何か郷愁やロマンをさそう不思議な言葉だ。「鎌倉夫人」。この言葉は一種の誉め言葉であった。高級住宅地に居住できることを明示し、セレブなイメージを暗示させる。シロカネーゼも同じである。しかし、反面精神面での充実した内容を備えていない夫人の場合、こうした呼称は皮肉におわる。鎌倉が舞台となった作品は多少なりとも、愛欲に負けた男女の苦しみや哀しみに満ちている。美しい自然を背景に、思索のはてに描かれた愛と苦悩の耽美な世界が映し出されたのが、鎌倉文学の特徴ともいえる。国木田独歩ほか、立原正秋、深田久弥、杉浦晴子も同名の小説を書いている。また、道ならぬ愛欲渦巻く夫人に転身してしまう『淫乱鎌倉夫人』（睦月影郎）なんてぇ作品もある。

▼「六年前、僕の妻であった女、しかも青春の恋燃ゆるがごとく互いに死をも辞せないで総ての故障を排し、僅かに結び得たる夫婦の縁、それをすら半年ならずして自ら打ち断った女、その女が六年の後かつて愛する夫と共に住んでいた鎌倉に来て、他の男子とともに昔を語る、昔物語を橋の下で昔の夫が聞いている」（『鎌倉夫人』独歩）

「ジョージ・ナオミ」といってわかる人はかなりの文学通だ。谷崎の『痴人の愛』に登場する主人公と愛人の名である。長谷通り（由比ガ浜大通り）に面した三橋旅館、海浜ホテルや長谷寺、材木座、御用邸などを舞台にした小説で古き鎌倉の様子をよく表している。『源氏物語』若紫の巻をほうふつさせ？宇能鴻一郎ばりの淫靡《いんび》な世界が広がる。ナオミが次第に娼婦化し、肉体の魅力に抗しきれず男は泥沼にはまっていく。谷崎は「これを読んで馬鹿馬鹿しいと思う人は笑ってください。私はナオミに惚れているのですから」とやや自嘲ぎみに筆をおく。

跋

十九世紀のイギリスの政治家　B・ディズレーリは「書物は人間の呪いである。現存する書物の九十％はくだらぬものである」と喝破した。そういわれると、洗練された鮮やかな文章が書けないものかと、自身の文章能力にひがみっぽくなる。数ある鎌倉に関する書籍に加えてもらえればうれしい。本書におさめる話し百数篇、片々皆愚考。『御成敗式目』の前文の泰時の言葉を借りるならば「学者には定めてものも知らぬ翁がかき集めたることよなど笑わる方も候わんずらむ」といったところか。

月落チ虫啼キテ霜《しも》天ニ満ツ　由楓《ゆうふう》漁火愁眠ニ対ス
〈月が沈み虫が鳴き冷気は辺りに満ちている。由比（ガ浜）の楓樹の間にいさり火が点々と灯り、旅愁のために寝付かれない。〉

筆者紹介

信長五朗（伊東秀郎）。東京都出身。駒澤大学富倉徳次郎教授、早稲田大学梶原正昭教授に師事。専攻は中世文学。現在、医学部受験準備学校講師。古典教養教示。取手市、柏市のカルチャー講師。毎秋、声楽コンサートに出演。オペラ『カルメン』の仏語指導。自身もオペラの舞台に立つ。主な著書に、「フランス語入門」、「パンセ」、「工藤伊東一族の陰謀」、「曽我の仇討」、「鎌倉数詞辞典」など多数。

鎌倉伊呂波漫稿
―旅のお供に百六話―

令和3年7月21日　第1刷発行

著　者　信長五朗

発行所　江ノ電沿線新聞社
〒251-0025
藤沢市鵠沼石上1-1-1江ノ電第2ビル7階
電　話　0466-26-3028

定　価　2130円